LiteraNova

Herausgegeben von Helmut Flad

Unterrichtsmodelle mit Kopiervorlagen

Uwe Timm

Die Entdeckung der Currywurst

Erarbeitet von Ulrike Ladnar

Cornelsen

Inhalt

Konzeption und Aufbau

Uwe Timm ist im Jahre 1993 mit der *Entdeckung der Currywurst* etwas Erstaunliches gelungen: ein Buch, das sowohl von der Literaturkritik als auch von der Leserschaft geschätzt wird. Eine seltene Einigkeit zwischen professioneller und privater Rezeption, nachzuweisen in über siebzig (fast) ausnahmslos positiven Rezensionen und weit über 100 000 verkauften Exemplaren bereits nach acht Jahren.

Dieses Kunststück verdankt das Buch nicht zuletzt seiner leichten Lesbarkeit: Den Leserinnen und Lesern wird eine unterhaltsame und spannende Geschichte erzählt, die im an und für sich wenig „literaturfähigen" Alltag einer wenig „literaturfähigen" Protagonistin wurzelt.

Mit Helden aus einfachen Verhältnissen, aus dem Milieu der so genannten „kleinen Leute" tut sich die Literatur ja gemeinhin schwer. Ausnahmen bilden einige Dramen des Sturm und Drang, die Werke Georg Büchners mit ihrem sozialen Mitleid und ihrer sozialen Anklage und naturalistische Texte um 1900 mit ihren fotografisch genauen Elendsschilderungen.

In dieser Tradition steht Uwe Timm mit seiner Protagonistin Lena Brücker gerade nicht.

Er setzt ihr zwar als einem Opfer der Geschichte und der politisch-gesellschaftlichen Verhältnisse ein Denkmal, aber eines, das weniger Mitleid als Respekt hervorruft. Er erreicht dies, indem er ihren Mut, ihre Vitalität, ihre Solidarität und ihre Entschlossenheit zeigt, sich nicht vereinnahmen zu lassen, Eigenschaften, die sie dazu befähigen, zum Subjekt ihres Lebens zu werden und dabei ihr Recht auf Lebensfreude und Lebensgenuss zu behaupten. Damit nähert sie sich eher den moralisch handelnden Frauengestalten bei Anna Seghers oder den couragiert um ihr Überleben kämpfenden bei Bertolt Brecht.

Lena Brücker ist ungefähr so alt wie das Jahrhundert, in dem sie lebt. Man kann leicht ausrechnen, dass sie im Jahre 1902 geboren ist. Als Tochter eines Sozialdemokraten und Gewerkschaftlers hat sie gelernt, nicht alles mit sich machen zu lassen. Ihre Jungmädchenzeit fällt mit dem 1. Weltkrieg zusammen, in der Zwischenkriegszeit heiratet sie und wird Mutter zweier Kinder, im 2. Weltkrieg, ihr Mann ist Soldat, sorgt sie alleine für ihre Familie und arbeitet in einer Behördenkantine. Am Ende des Krieges begegnet sie einem jungen Soldaten, der den Befehl hat, sich zum so genannten „Endkampf" zu melden. Lena Brücker bietet ihm ein rettendes Obdach, unter dem eine kurze Idylle aus Zärtlichkeit, gelingender Kommunikation und Sexualität gedeiht, die sie zu verlängern versucht, indem sie ihm das Kriegsende verschweigt. Als die Wahrheit herauskommt, verlässt er sie. Lena Brückers Leben geht weiter, ihr Mann kommt zurück, aber sie fügt sich nicht mehr in die Rolle als Ehefrau und setzt ihren Mann am Ende entschlossen vor die Tür.

Lena Brücker ist selbstständig geworden und gestaltet ihr eigenes Leben, indem sie in den Wirren der Nachkriegszeit einen Imbissstand eröffnet, nachdem sie durch Zufall und Talent die Rezeptur der Currywurst entdeckt hat.

Dies alles erzählt sie als alte Frau im Altersheim einem Ich-Erzähler, der schon als Kind ihre Currywurst geliebt hat und der nun erfahren will, wie es zu ihrer „Entdeckung" gekommen ist.

Diese Geschichte von einfachen Lebensgenüssen bereitet zugleich beträchtliche Lesegenüsse, indem mit Erzählstrategien, Gattungsgrenzen und mit Elementen der literarischen Tradition spielerisch umgegangen wird.

Dem entsprechen die hier vorgelegten Unterrichtssequenzen und Kopiervorlagen, die Schülerinnen und Schüler ab Klasse 10 für eine Auseinandersetzung mit den interessantesten Inhalts-, Erzähl- und Rezeptionsaspekten motivieren wollen.

---

* Dafür steht in diesem Heft das Kürzel **KV**.

Die Seitenverweise auf die Erzählung von Uwe Timm beziehen sich auf die im Quellenverzeichnis S. 48 genannte Ausgabe © 1993, 1995, 2000 by Kiepenheuer & Witsch, Köln.

Annäherungen an Lena Brücker

Die fünf Lenas

Lena als junge Ehefrau und Mutter

Die 43-jährige Lena

Lena als ältere Ehefrau und Mutter

Lena als Geschäftsfrau

Lena als alte Frau

1 Timms *Entdeckung der Currywurst* soll verfilmt werden, chronologisch aufgebaut sein und fünf Phasen aus Lenas Leben erzählen.
Stellen Sie sich vor, Sie seien bei der Planung des Films mit zwei wichtigen Aufgaben betraut, nämlich beim Casting für die Hauptdarstellerin mitzuwirken und den Kostüm- und Maskenbildnerinnen Hinweise für Lenas Aussehen (Kleidung, Frisur usw.) zu geben.
Sie bereiten sich gründlich vor und notieren auf Karteikarten, was Sie in der Erzählung über Lenas äußere Erscheinung in ihren verschiedenen Lebensphasen erfahren.

2 Diskutieren Sie, wie viele Schauspielerinnen Sie einsetzen wollen.

Annäherungen an Lena Brücker

Die fünf Lenas

Die Hauptfigur des Textes ist sicherlich auf den ersten Blick kein unmittelbares Identifikationsangebot für Schülerinnen und Schüler der Sekundarstufe II. Man lernt zunächst die **alte** Lena kennen, eine geschwätzige, blinde strickende Frau im trostlosen Ambiente eines bundesdeutschen Altersheims. Der Blick wird dann auf eine **ältere** Frau an einem Imbissstand gelenkt, die es wohl auch nicht vermag, die Schülerinnen und Schüler direkt zu einer unmittelbaren Auseinandersetzung mit ihr zu motivieren. Auch von Lenas kleinbürgerlichem Milieu geht auf den ersten Blick kein starker Reiz aus.

Die KV soll den Schülerinnen und Schülern dabei helfen, sich mittels einer für sie sicherlich interessanten Arbeitsanweisung der Hauptfigur von Timms *Entdeckung der Currywurst* zu nähern.

1 Alternativ zu dem vorgeschlagenen Verfahren, dass die Schülerinnen und Schüler die vorgesehenen Karteikarten in einer Einzelarbeit (z.B. auch als Hausaufgabe möglich) ausfüllen, könnte der Aufgabe auch in Form einer arbeitsteiligen Gruppenarbeit nachgegangen werden; dann wäre eine Präsentation der Ergebnisse mittels Plakaten besonders sinnvoll.

1.1. *Lena als junge Ehefrau und Mutter:* Lena ist jung, unternehmungslustig, modisch gekleidet, zeigt ihre weiblichen Reize („das Kleid wird ihr zwischen die Beine gedrückt", „tiefer Ausschnitt" in einem gepunkteten Kleid); blonde und dichte Haare, offen („verweht im Gesicht") oder hochgesteckt („es quillt über die beiden seitlich eingesteckten Schildplatt-Kämme"); leuchtend blaue Augen; liebt das Meer, Ausflüge auf der Barkasse mit ihrem Mann („Dieses Gefühl: ein Kribbeln im Bauch").
(Textstellen: 2 Fotos, S. 25/26; Lenas Erzählungen über ihre Ehe, S. 98 f., S. 14)

1.2. *Die 43-jährige Lena:* Lena trägt ein Kostüm, den Rock hat sie selbst gekürzt, will offensichtlich auf Männer wirken; legt viel Wert auf Präsentation ihrer Beine, die sie mit Strumpffarbe gefärbt hat; Frau, die unternehmungslustig wirkt („Da hatte sich mal wieder eine reife Frau einen jungen Mann angelacht"); ansehnlicher Busen („runder Busen").
(Textstellen: Lenas Vorbereitungen zum Kinobesuch, S. 18/19; vermutete Einschätzung ihrer Erscheinung durch die „Leute", vor allem durch den Luftschutzwart, S. 21/22; vermutete Einschätzung ihrer Erscheinung durch Bremer, S. 36).

1.3. *Lena als ältere Ehefrau und Mutter:* Nach der Rückkehr ihres Mannes im März 1946 und ihrer Entlassung führt Lena das Leben einer Ehefrau und Mutter bzw. Großmutter; über ihr Aussehen zu dieser Zeit erfährt man letztlich kaum etwas, es lässt sich jedoch aus dem Text erschließen, dass in dieser Zeit ihr Aussehen für sie keine Rolle spielt; man wird sie sich in einer unkleidsamen Kittelschürze und wenig attraktiv bei häuslicher Arbeit, z.B. am Waschbrett, vorstellen. (Es ist Gary, der sich pflegt, das Gesicht pudert, die Wimpern färben lässt, maßgeschneiderte Hemden trägt,

nicht Lena; es ist Garys Geliebte, die erotische Unterwäsche trägt, nicht Lena, deren Schlüpfer „Flügelunterhosen" gleichen, S. 152 ff.)

1.4. *Lena als Geschäftsfrau:* Lena beginnt ihr Dasein als Geschäftsfrau damit, dass sie sich ein neues Kostüm näht (vgl. Parallelität zum Neuanfang in 1.2). Lenas Kostüm ist marineblau, die Kostümknöpfe sind goldfarben, dadurch, dass das Kostüm etwas eng gerät und sie zwei Knöpfe offen lassen muss, wird wieder eines ihrer weiblichen Attribute, ihr Busen, betont; wieder (vgl. 1.2) ist es eigentlich zu kalt, um ohne Mantel zu gehen, aber sie will sich unbedingt im Kostüm präsentieren, allerdings doch eher primär, um als Geschäftsfrau Eindruck zu machen, weniger, um Männerblicke anzuziehen; Lena hat inzwischen eine graue Haarsträhne; nach der Eröffnung des Imbissstandes hat sie ihr Haar wieder hochgesteckt, sie wirkt fröhlich und zufrieden, lacht und plaudert mit ihren Kunden, Lena interessiert sich wieder für ihr Aussehen (sie orientiert sich bis zu den 60er Jahren an der Mode), danach behält sie zwar ihre gute Figur, trägt aber nur noch „indifferente Kaufhauskleider"; ihre Unterlippe wird schmal, die Haare werden zunehmend grauer. (Textstellen: S. 165 ff., S. 175/176, S. 183 f., S. 74/75)

1.5. *Lena als alte Frau:* Lena ist jetzt verändert; der Ich-Erzähler hat sie „nicht wiedererkannt"; ihr Haar ist dünn, die Augen sind milchig, Nase und Kinn sind „gewachsen"; durch diese Attribute wird ihr etwas Hexenhaftes zugeschrieben. (S. 14)

2 Bei der Diskussion der Frage geht es darum, gleichbleibende (wiewohl gelegentlich unterdrückte) Merkmale von Lenas äußerer Erscheinung während aller Phasen ihres Lebens herauszuarbeiten. Diese Merkmale sind vor allem ihre natürliche Attraktivität (Haare, Augen, sinnlich vorgeschobene Unterlippe, Figur, Busen, Beine) sowie ihre erotische Ausstrahlung, die sie bewusst durch unterschiedliche Maßnahmen (Kleidung, Rocklänge, Frisur) verstärkt.

Man wird vermutlich mit zwei Schauspielerinnen auskommen, da die identischen Merkmale in 1.1. bis 1.4. doch überwiegen.

Annäherungen an Lena Brücker

Lena und ihre Welt

Brüderstraße und Wexstraße heute

Gerhard Hirschfeld, Hamburg

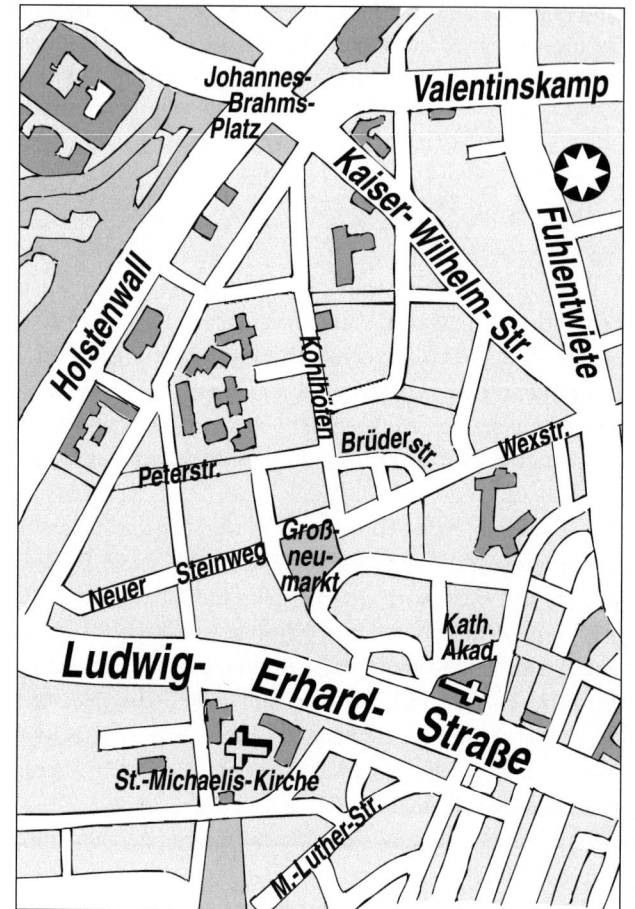

Volkmar Döring

1 Beschreiben Sie das Haus, in dem Lena wohnt, und seine Umgebung.
Beziehen Sie den Ausschnitt aus dem Stadtplan und die Fotografie der Brüderstraße in Ihre Beschreibung ein.

2 Verfertigen Sie eine genaue Skizze von Lenas Wohnung.

3 Stellen Sie zusammen, welche Personen für Lenas Leben wichtig sind.
Ordnen Sie diese Personen Gruppen zu und visualisieren Sie Ihre Ergebnisse in einem Schaubild.

4 Wählen Sie zwei dieser Personen aus und verfassen Sie einen kurzen Tagebucheintrag dieser
Personen über eine (dem Buch entnommene oder von Ihnen erfundene) Begegnung
mit Lena. In diesem Tagebucheintrag wird Lena auch charakterisiert.

5 Welche Einschätzung Lenas erhalten Sie durch den Ich-Erzähler?

Annäherungen an Lena Brücker

Lena und ihre Welt

Die Arbeit mit der KV soll die Grundlagen für eine differenzierte Auseinandersetzung mit Lena Brücker eröffnen. Timm hat mit Lena Brücker im Sinne seiner Theorie der „Alltagsästhetik" eine unauffällige alltägliche Person aus dem Milieu der so genannten „kleinen Leute" konzipiert, die einerseits in ihrem sozialen Umfeld und in ihren Verhaltensweisen realistisch dargestellt wird, gleichzeitig aber andererseits (idealistisch) mit Attributen ausgestattet wird, durch die ihr Vorbildlichkeit zukommen kann.

1 Die erste Aufgabe akzentuiert den Aspekt der realistischen Darstellungsweise. Lenas Welt ist auf einem Stadtplan Hamburgs topografisch präzise ausmachbar (wie die Schülerinnen und Schüler durch eine Internet-Recherche-Eingabe aller im Text erwähnten Straßen- und Gebäudenamen rasch herausfinden könnten), auch alle die Stadt beschreibenden Textpassagen sind der Wirklichkeit verpflichtet, wie z.B. die Beschreibung der Brüderstraße („eine stille, schmale Straße ohne jedes Grün", S. 44; vgl. auch S. 12) mit ihrer typischen fünf- bis sechsgeschossigen Gründerzeitarchitektur.

Die erste Aufgabe zeigt auch, wie „klein" Lenas Welt ist: Von ihrer Wohnung in der Brüderstraße zu ihrem Kiosk am Großneumarkt sind es nur wenige Meter.

2 Indem die Schülerinnen und Schüler einen Grundriss von Lenas Wohnung anfertigen, erkennen sie auch hier, wie genau die Angaben sind, die der Autor seinen Leserinnen und Lesern macht (wenngleich man die Lage der einzelnen Räume nicht exakt bestimmen kann, gewinnt man doch – vor allem aus Bremers Aufenthalt in der Wohnung, insbesondere, als er Lammers durch das Schlüsselloch bei seinem Gang durch Lisas Wohnung beobachtet, – eine recht genaue Vorstellung von der Anordnung der Räume). Lenas Wohnung ist eine „Endwohnung" im obersten, dem fünften Stock des Hauses; sie hat zwei Zimmer (Wohn- und Schlafzimmer) und eine fensterlose Abstellkammer auf einer Seite des schmalen Flurs, gegenüber liegen – heizbarer Lebensmittelpunkt – eine Küche mit Blick in die Brüderstraße (S. 159) und ein kleines Bad. Die Wohnung ist recht groß (S. 64: Lammers droht deswegen mit „Einquartierung"); die Einrichtung ist etwas zu luxuriös für eine Frau aus Lenas Schicht („Die Möbel hätten auch in irgendeiner großen teuren Wohnung stehen können", S. 45); auch einige Einrichtungsgegenstände sowie die Garderobe ihres Mannes weisen darauf hin, dass Lena bzw. ihre Familie einmal über mehr Geld als in ihrem Milieu üblich verfügt haben müssen.

3 Der Überschaubarkeit von Lenas äußerer Welt entspricht die Überschaubarkeit ihres sozialen Umfelds, das von Personen bevölkert ist, die sich in vier Gruppen einteilen lassen: Familie, Arbeit in der Behörde, Nachbarschaft (Lena scheint jede Person in ihrem Viertel zu kennen) und sporadische „Geliebte". Ein Schaubild könnte beispielsweise folgendermaßen aussehen:

Tafelbild

4 Durch diese produktive Aufgabe sollen sich die Schülerinnen und Schüler, die sich mit Hilfe der vorigen KV bereits mit Lenas äußerer Erscheinung beschäftigt haben, ein Bild von Lenas Charakter machen. Dass dazu rollengebundene Texte angefertigt werden sollen, könnte zu einer differenzierteren Sicht auf Lena verhelfen, als wenn die Charakterisierung ausschließlich auf Grund von Lenas eigener Darstellung oder der fast durchgängig positiven Sicht des Ich-Erzählers erfolgte. Die Schülerinnen und Schüler könnten die Tagebucheinträge in Einzelarbeit (auch als vorbereitende Hausaufgabe) verfassen; nach der Vorstellung dieser Texte im Plenum könnte die Frage diskutiert werden, ob es Eigenschaften gibt, die Lena in der Sicht aller sie umgebenden Personen kennzeichnen. Als solche Eigenschaften könnten zusammengetragen werden: eine gewisse Verschlossenheit anderen gegenüber, eine große Umsicht und praktische Vernunft, Organisationsfähigkeit, Eigenständigkeit, ein gewisses Widerstandspotenzial im privaten und politischen Bereich, ein Hang zum Genuss u. Ä.

5 Der Ich-Erzähler zeichnet ein ausgeprägt positives Bild von Lena und steuert den Wahrnehmungsprozess der Leserinnen und Leser immer so, dass Lena in ein günstiges Licht gestellt wird.

Spiegelungen der Geschichte

Kriegsende in Hamburg

Hamburg wurde in den Kriegsjahren 1940 bis 1945 zu über 50% zerstört; die schlimmsten Bombardierungen fanden Ende Juli 1943 statt und hatten eine verheerende Feuerbrunst zur Folge („Feuersturm").

> In Hamburg waren etwa 45 000 Menschen bei den Luftangriffen ums Leben gekommen. Etwa 70 000 Hamburger fielen als Soldaten an der Front. Nach einer Aufstellung der Jüdischen Gemeinde Hamburgs wurden 7 812 Hamburger Juden ermordet; wahrscheinlich aber waren es weitaus mehr. Aus den Reihen der im Untergrund gegen die Hitler-Diktatur kämpfenden politischen Gruppen in Hamburg – Sozialdemokraten, Kommunisten, Mitglieder der „Weißen Rose" – wurden 1 417 Männer, Frauen und Kinder umgebracht. Zwanzig Abgeordnete der Bürgerschaft waren dem nationalsozialistischen Terror zum Opfer gefallen.

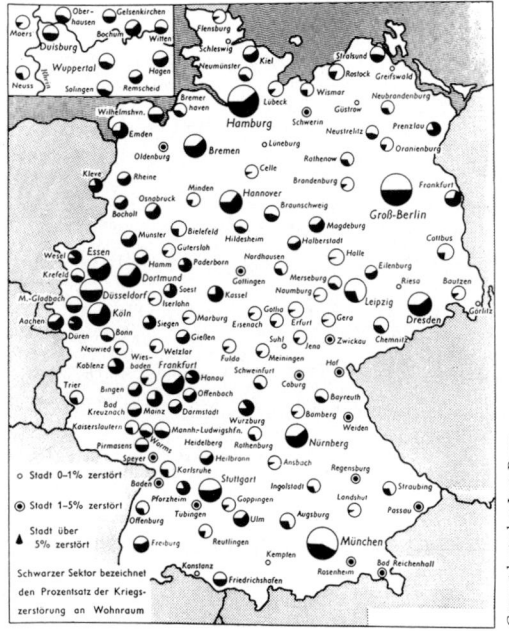

Kriegszerstörungen in den deutschen Städten

Gesamtdeutsches Inst. Bonn

Staatliche Landesbildstelle Hamburg

Das zerstörte Hamburg, 1943

> Hatten die ersten Angriffe des Jahres 1945 wiederum Harburg und den Industrie- und Werftanlagen gegolten, so trafen die letzten Bombardierungen im März und im April vornehmlich wieder die Innenstadt, St. Pauli und Altona; am 11. März wurde das Schiff der bisher nur leicht beschädigten Michaeliskirche zerstört. Am 29. April fielen Bomben auf Bergedorf und Billwerder. Als Opfer der Bomben in den ersten vier Monaten des Jahres 1945 starben 1 719 Menschen und 1 697 wurden verletzt.
> Die Bomben am 29. April, einem Sonntag, waren die letzten, die auf Hamburg fielen. Britische Truppen hatten bereits am Morgen die Elbe bei Artlenburg überquert; zwei Tage zuvor war Bremen nach schweren Kämpfen gefallen. Aber schon seit dem 20. April wurden die Hamburger Außenbezirke gelegentlich von britischer Artillerie beschossen. Seit diesem Tag hatte in Hamburg Generalmajor Alwin Wolz als Kampfkommandant den Oberbefehl. Die Stadt galt als „Festung", verteidigt von 20 000 regulären Soldaten (Wehrmacht, Marine und Waffen-SS) und 12 000 Männern des Volkssturms. Wolz, dessen Befehlsstand sich im Bunker an der Rothenbaumchaussee befand, war indes entschlossen, Hamburg nicht mehr sinnlos zu opfern.
> Durch vorsichtiges Taktieren gelang es Wolz, der jederzeit allein schon wegen vermuteter Kapitulationsbereitschaft hätte verhaftet werden können, Hamburg das Schicksal Bremens zu ersparen, zumal auch Reichsstatthalter Kaufmann eingesehen hatte, dass jeder weitere Widerstand aussichtslos sein würde. Am 3. Mai 1945 kapitulierte Hamburg; um 18 Uhr besetzte die 7. britische Panzerdivision die Stadt. Die offizielle Übergabe an den britischen Brigadegeneral Spurling fand im Bürgermeistersaal des Rathauses statt.
> Am 4. Mai wurde Reichsstatthalter Kaufmann verhaftet, am 9. Mai Bürgermeister Krogmann und am 11. Mai die führenden Mitglieder der NSDAP in Hamburg. Alle kamen in das Konzentrationslager Neuengamme.
> beide Texte: Eckart Kleßmann: Geschichte der Stadt Hamburg. Hoffmann & Campe [6]1988, S.585–587

1 Recherchieren Sie, wie sich das Kriegsende in Ihrer Stadt vollzogen hat.

2 Untersuchen Sie, welche der obigen Text- und Bildinformationen über das Kriegsende in Hamburg sich in Uwe Timms *Entdeckung der Currywurst* wiederfinden lassen und auf welche Quellen sich der Ich-Erzähler beruft.

Spiegelungen der Geschichte

Kriegsende in Hamburg

1 Der ersten Arbeitsanregung könnte in Form fächerübergreifenden Unterrichts (Geschichte, Politik) nachgegangen werden. Sie dient dazu, über die Fakten von Kriegsgeschehen und Zerstörung hinaus den Blick für menschliches Verhalten in extremen Ausnahmesituationen zu öffnen, was auf der nächsten Seite thematisiert wird. Dass dafür zunächst eine Recherche in der eigenen (oder einer der eigenen Stadt nahen) Stadt vorgenommen wird, soll eine intensivere Auseinandersetzung, auch emotionaler Art, ermöglichen und erfahrbar machen, wie Fiktion mit Realität vernetzt sein kann.

Die Recherche kann von der Statistik der Kriegszerstörung auf der Kopiervorlage ausgehen; im Übrigen sind das Internet, historische Museen sowie Stadtarchive geeignete und leicht verfügbare Informationsquellen.

2 Die Schülerinnen und Schüler erkennen bei dieser Untersuchung, dass die historischen Ereignisse detailgetreu wiedergegeben sind. Die zentralen Textstellen sind:

- S. 16/17: „Ich lasse die Geschichte am 29. April 1945, an einem Sonntag beginnen […]"
- S. 86/87: „Der Stadtkommandant von Hamburg, General Wolz, will die Stadt kampflos übergeben […]"
- S. 112/113: „Ich war auch in die Hamburger Staatsbibliothek gegangen, hatte mir die Mikrofilme […]"
- S. 120/121: „Ich habe die Berichte im Archiv nachgelesen […]"

Der Ich-Erzähler macht in diesen vier Textausschnitten deutlich, dass er selbst bei der Darstellung des Geschehens umfassend recherchiert hat und die (fiktiven) Ereignisse um Lena Brücker nicht in einem vage erinnerten historischen Rahmen ansiedeln möchte.

Seine Quellen sind im Einzelnen:

- eigene Erinnerungen an Orte, Ereignisse und Personen (S. 173: „So habe ich von meinem Vater in früher Erinnerung […]"),
- die Erinnerungen Lena Brückers,
- die Erinnerungen von Zeitzeugen (z. B. S. 119 ff.: Gespräch mit Frau Eckleben),
- Zeitungen von April und Mai 1945 (S. 112),
- Recherchen im Stadtarchiv; Gestapo-Akten,
- Rundfunkaufnahmen (S. 52 f.),
- Geschichtsbücher, Dokumente u. a. (kein Textnachweis, ergibt sich aber aus der Genauigkeit der Wiedergabe historischer Ereignisse, vor allem S. 86/87, als der Ich-Erzähler auf Ereignisse verweist, die er weder der eigenen Erinnerung noch anderer entnehmen kann und die er auch nicht in Zeitungen und Gestapo-Akten finden konnte; indirekte Hinweise sind z. B. das „auch" in dem Satz „Ich war auch in die Hamburger Staatsbibliothek gegangen […]", S. 112).

Der Ich-Erzähler zieht somit Quellen zu Rate, auf die auch die Schülerinnen und Schüler bei der Arbeit an der Arbeitsanregung 1) zurückgreifen könnten. Seine Informationen nutzt er jedoch nicht nur zur historischen Unterfütterung oder zum Ausschmücken von Lenas privater Geschichte, sondern er leitet aus ihnen sogar das Strukturprinzip seiner Geschichte ab: „Ich lasse die Geschichte am 29. April 1945 […] beginnen."

An einigen Stellen weiß der Ich-Erzähler auf Grund seiner Recherchen deutlich mehr als die Personen, deren Geschichte er erzählt; am deutlichsten wird dies in der Episode, in der er Frau Eckleben besucht (S. 119–121), in der er seinen Informationsvorsprung sowohl Frau Eckleben als auch Frau Brücker gegenüber betont („Ich hätte der alten Frau Brücker erklären können, warum Frau Eckleben sie plötzlich so freundlich gegrüßt hatte […]", S. 121; „Weder sie noch Frau Brücker weiß, dass ich weiß, nicht Lammers hat die Berichte für die Gestapo geliefert, sondern sie, Frau Eckleben […]", S. 120).

Wenn der Besuch bei Frau Eckleben genauer analysiert werden soll, könnte im Vorgriff auf die Arbeit an der KV 11 auf die satirischen Stilmittel verwiesen werden, die bei der Darstellung von Personen, die sich dem Nationalsozialismus verschrieben haben, durchgängig eingesetzt werden. Hier zeigt sich die Satire in dem Kontrast zwischen der denunziatorischen Unmenschlichkeit Frau Ecklebens und ihrer äußerlichen (fast idyllischen) Respektabilität (selbstgebackener Pflaumenkuchen mit einem „Klacks Sahne", das „Tässchen" Kaffee, der als Zeichen der Vornehmheit abgespreizte kleine Finger usw.), in der grotesken Tatsache, dass die immer noch nationalistisch fühlende Frau Eckleben ihr Alter in skandinavischen Möbeln verbringt, sowie darin, dass sie insgesamt in den Augen des Ich-Erzählers (und somit der Leserinnen und Leser) lächerlich wirkt, da das Bild, das sie von sich aufbaut, durch die Recherchen des Ich-Erzählers längst als Maske entlarvt worden ist.

Spiegelungen der Geschichte

Lebensgefühl in den letzten Kriegstagen

> Ein 24-jähriger Mann am 29. April 1945
> - hat gegessen ...
> - Sonne
> - Reeperbahn
> - Knopfs Lichtspielhalle
> - Nutten ... in den Hauseingängen

> Eine 43-jährige Frau am 29. April 1945
> - Feierabend
> - Sonne
> - Kostüm
> - Rock gekürzt
> - ihre Beine können sich sehen lassen
> - Seidenstrümpfe
> - Knopfs Lichtspielhalle

Das zerstörte Hamburg

Staatliche Landesbildstelle Hamburg

> Ein 24-jähriger Mann am 29. April 1945
> - Turmruine
> - kalt
> - herantreibende Wolken
> - Schatten
> - dunkle Vorzeichen
> - verkohlte Balken
> - zerstörte Treppe, die ins Nichts führt

> Eine 43-jährige Frau am 29. April 1945
> - Wolken
> - Brandbomben
> - Schuttberge
> - verkohlt
> - außer Atem

1 Wählen Sie eines der vier Kästchen und notieren Sie Assoziationen, die die Wörter bei Ihnen auslösen. Skizzieren Sie, welche Erwartungen an eine sich entwickelnde Geschichte Sie hegen.

2 Suchen Sie Textstellen in U. Timms *Entstehung der Currywurst*, in denen das Lebensgefühl der Menschen in den letzten Kriegstagen besonders deutlich zutage tritt.

Spiegelungen der Geschichte

Lebensgefühl in den letzten Kriegstagen

Die Wörter und Begriffe der vier Kästchen auf der KV sind der Szene entnommen, in der Lena Brücker und Bremer sich auf den Weg zu Knopfs Lichtspielhalle auf der Reeperbahn machen, wo sie zufällig aufeinandertreffen und sich kennen lernen (Bremer: S. 17: „Gegen Mittag […]" bis S. 18: „weggedrückt hatte"; Lena: S. 18: „Macht nichts" bis S. 19: „jungen Bootsmann"). Der Erzähler widmet dem Weg beider (mit je 29 Textzeilen) gleich viel Aufmerksamkeit und lässt sie auf dem Weg zu ihrem Ziel identische Beobachtungen machen. Durch die Arbeitsanregung soll die Aufmerksamkeit der Schülerinnen und Schüler auf ein grundsätzliches Merkmal gelenkt werden, das nach Timms Darstellung für die Menschen in den letzten Kriegstagen typisch ist: die Wahrnehmung von Zerfall, Zerstörung und Todesgefahr einerseits und das Aufrechterhalten von Lebensmut, Lebenslust und Lebensgier andererseits. Die Häuser, die die Straßen säumen, durch die Lena und Bremer gehen, sind nur noch Ruinen (Bremer sieht „die borstig ausgebrannte Turmruine der Katharinenkirche", Lena eine „Brandruine"), einige Fassaden stehen noch (Bremer nimmt Fassaden vor der Katharinenkirche wahr, Lena die eines Tanzcafés). Beide sehen die ursprüngliche Ordnung der Stadt ins Chaos übergehen (am Straßenrand bzw. auf dem Bürgersteig liegen „zerschlagene Ziegel, verkohlte Balken, Bruchstücke von Sandsteinquadern", der Schutt wird „längst […] nicht mehr weggeräumt"). Die Zerschlagung der Lebenswelt der Stadt ist nicht nur sichtbar; beide riechen den Untergang auch. Unterwegs begegnen sie nur wenigen Menschen, die offensichtlich um ihre Lebensversorgung („zwei Frauen zogen eine kleine Handkarre") kämpfen oder kriegerischen Befehlen nachgehen („zwei Wehrmachtslaster"). Sogar auf der Reeperbahn, dem ehemaligen Amüsierviertel der Stadt, gibt es nur noch Tristesse („Nutten […] zeigten ihre mageren Beine") und Überreste einstigen Vergnügens („Die Bars waren geschlossen, kein Tanz, kein Striptease"). Aber vor dem Kino befindet sich eine „lange Schlange"; viele Menschen nehmen die wenigen Unterhaltungsangebote wahr, die noch existieren („hoffentlich komm ich noch rein"). Der Film, der an dem Abend des 29. April 1945 gezeigt wird, heißt *Wunschkonzert*; der Film, den Lena eine Woche zuvor gesehen hat, hat den Titel *Es war eine rauschende Ballnacht*. Schon die Titel dieser beiden bekannten Filme verdeutlichen die Wünsche der Menschen: nach Musik, Tanz, Vergnügen, Amüsement; Lena Brückers Vorbereitungen auf den Filmabend zeigen, dass die Liste noch ergänzt werden muss um das Bedürfnis nach Zärtlichkeit, Wärme, Sexualität. Sie kommt – obwohl es noch ziemlich kalt ist – ohne Mantel, um sich in ihrem Kostüm zu präsentieren, dessen Rock sie für dieses Frühjahr gekürzt hat; sie nimmt sich (angesichts der Ausnahmesituation fast absurd) viel Zeit, um ihren Beinen mit Strumpffarbe den Anschein zu geben, sie trage verführerische Seidenstrümpfe mit Naht.

Was Uwe Timm Lena und Bremer an der Natur wahrnehmen lässt, unterstützt die Antithetik zwischen der Zerstörung der äußeren Lebenswelt und der Behauptung der inneren Lebensbejahung. Es ist kalt an dem Tag („zwischen 1,9 und 8,9 Grad"), Wolken ziehen vorbei, aber beide, vor allem aber Lena, orientieren sich an der Sonne. Ein Natursymbol für die seelische Befindlichkeit der Personen findet sich auf Seite 19: Einige Äste der Büsche in den Vorgärten eines von einer Bombe getroffenen Hauses sind „verdorrt", „verkohlt" (also unwiederbringlich zerstört, tot), andere aber „von der jähen Hitze ergrünt", widersetzen sich somit mit instinktiver Vitalität dem drohenden Tod und der Vernichtung.

1 Durch die Arbeitsanregung soll erreicht werden, dass die Schülerinnen und Schüler den semantischen Signalen des Textes nachspüren, um auf diese Weise dessen antithetische Grundstruktur zu erarbeiten. Der Arbeitsanregung sollte in Form einer arbeitsteiligen Gruppenarbeit nachgegangen werden; jede Gruppe wählt ein anderes Kästchen, um ihre Assoziationen und Leseerwartungen zu notieren.

Nach der Präsentation der Schülerergebnisse –vermutlich zwei Präsentationen, in denen Lebensgier und Sexualität dominieren, und zwei, die Kriegsgefahr und Kriegsangst akzentuieren – sollten die beiden zu Grunde liegenden Textausschnitte genau gelesen und im oben skizzierten Sinne interpretiert werden.

2 Das Lebensgefühl der letzten Kriegstage wird noch an weiteren Textstellen deutlich. Sie schildern die Überlegungen des lebenserfahrenen Luftschutzwarts (S. 22 f.: „Alle sechs Sekunden fällt ein deutscher Soldat. Aber Feiern lässt sich nicht verbieten, nicht das Lustigsein, nicht dieser Drang zu lachen, gerade wenn es so wenig zu lachen gibt") und Lenas und Bremers Verhalten in Lenas Wohnung: übermäßiger Alkoholgenuss, Ignorieren des Fliegeralarms (S. 35: „Kopfschmerzen werden wir bekommen, sagte sie. Aber das ist heute egal. Ja, sagte er, morgen ist morgen").

Eine besonders wichtige Textstelle ist in diesem Zusammenhang die Lastwagenszene (S. 47 f.). Lena hält einen Laster an, um zu ihrer Arbeitsstelle zu gelangen. Im Laster geben sich zwei Soldaten und eine Frau, die zwischen ihnen sitzt, ungeniert und hemmungslos sexuellen Aktivitäten hin, die offensichtlich nichts mit Zuneigung, Liebe oder auch nur Anziehung zu tun haben, denn Lena, die allen fremd ist, soll einbezogen werden. Der Gefreite tastet nach Lenas Knie „ohne hinzusehen", d. h., ohne sie überhaut als Person wahrzunehmen.

Spiegelungen der Geschichte

Lenas Leben und die Zeitgeschichte

Tag	Politische und militärische Ereignisse	Ereignisse um Lena Brücker
29. 4. 1945		
30. 4. 1945		
1. 5. 1945		
2. 5. 1945		
ab 3. 5. 1946		
ca. 20. 5. 1945		

1 Tragen Sie die wesentlichen politisch-militärischen Ereignisse sowie die aus Lena Brückers Leben in die Tabelle ein.

2 Untersuchen Sie, welche Beziehung zwischen der Zeitgeschichte und den erzählten „Geschichten" besteht.

Spiegelungen der Geschichte

Lenas Leben und die Zeitgeschichte

1

Tag	Politische und militärische Ereignisse	Ereignisse um Lena Brücker
29.4.1945	– Hitler bestimmt Dönitz zum Nachfolger – Hamburg soll „bis zum letzten Mann" verteidigt werden – Engländer überqueren Elbe bei Artlenberg – Bombardierungen	– Bremer wird nach Hamburg abkommandiert – Lena geht nach der Arbeit ins Kino und lernt Bremer kennen – Lena und Bremer im Luftschutzraum, danach in Lenas Wohnung
30.4.1945	– Berlin ist eingeschlossen – Durchhalteparolen für Hamburg (Front in Harburg; Gefechte bei Vahrendorf)	– Bremer desertiert und versteckt sich bei Lena – Lena wird in Holzingers „Küchensabotage" eingeweiht – Blockwart Lammers kontrolliert Lenas Wohnung
1.5.1945	– Radio meldet „Heldentod" Hitlers – General Wolz, Gauleiter Kaufmann und Admiral Bütow arbeiten heimlich an Plänen für Übergabe Hamburgs, ohne voneinander zu wissen – Engländer überqueren Elbe und nähern sich Lübeck	– erneute Wohnungskontrolle durch Lammers; Bremer versteckt sich in Kammer – Holzinger will am nächsten Tag Hitlers Lieblingssuppe kochen; Lena organisiert die Zutaten – nachts: erstmals Bau des Matratzenfloßes
2.5.1945	– Kaufmann übergibt Hamburg kampflos (Radio) – Himmler macht England und USA über Mittelsmann Angebot eines Separatfriedens	– Lena verschweigt Bremer das Kriegsende in Hamburg – Bremer spekuliert über militärische Allianz zwischen Deutschland (Dönitz) und England/USA gegen die Sowjetunion
3.5.1946 bis ca. 20.5.1945	– Engländer haben Hamburg übernommen – Engländer erhalten öffentliche Grundordnung aufrecht und organisieren das Alltagsleben der Stadt	– Selbstmord von Blockwart Lammers – Lena arbeitet weiterhin in der Behörde – Lena belügt Bremer hinsichtlich der politischen und militärischen Zustände – Bremer verliert seinen Geschmackssinn
ca. 20.5.1945	– Fotos von KZs werden veröffentlicht	– Lena sagt Bremer die Wahrheit – Bremer verschwindet während Lenas Abwesenheit

2 Die Beziehungen zwischen der Zeitgeschichte und den „Geschichten" sind sehr eng; z. B. vergehen nur zwei Tage zwischen Lammers' zweiter Wohnungskontrolle und seinem Selbstmord (S. 107). Dass die „Geschichte" in die Beziehung zwischen Lena und Bremer vorerst <u>nicht</u> einwirkt, liegt daran, dass Lena sie verschweigt und Bremer sich die Geschichte selbst (fiktiv) konstruiert.

Spiegelungen der Geschichte

Kriegsende und Stunde null

Thomas Mann (1875–1955), einer der anerkanntesten Schriftsteller und Repräsentanten deutscher Kultur des 20. Jahrhunderts, war bereits 1933 ins Exil gegangen, zunächst in die Schweiz, später nach Los Angeles. Von dort aus verbreitete er über die BBC Radiosendungen nach Deutschland, die letzte am 10.5.1945:

Thomas Mann

Deutsche Hörer!

Wie bitter ist es, wenn der Jubel der Welt der Niederlage, der tiefsten Demütigung des eigenen Landes gilt! Wie zeigt sich darin noch einmal schrecklich der Abgrund, der sich zwischen Deutschland, dem Land unserer Väter und Meister, und der gesitteten Welt aufgetan hatte!
Die Sieges-, die Friedensglocken dröhnen, die Gläser klingen, Umarmungen und Glückwünsche ringsum. Der Deutsche aber, dem von den Allerunberufensten einst sein Deutschtum abgesprochen wurde, der sein grauenvoll gewordenes Land meiden und sich unter freundlicheren Zonen ein neues Leben bauen musste – er senkt das Haupt in der weltweiten Freude; das Herz krampft sich ihm zusammen bei dem Gedanken, was sie für Deutschland bedeutet, durch welche dunklen Tage, welche Jahre der Unmacht zur Selbstbesinnung und abbüßender Erniedrigung es nach allem, was es schon gelitten hat, wird gehen müssen.

Und dennoch, die Stunde ist groß – nicht nur für die Siegerwelt, auch für Deutschland – die Stunde, wo der Drache zur Strecke gebracht ist, das wüste und krankhafte Ungeheuer, Nationalsozialismus genannt, verröchelt und Deutschland von dem Fluch wenigstens befreit ist, das Land Hitlers zu heißen. Wenn es sich selbst hätte befreien können, früher, als noch Zeit dazu war, oder selbst spät, noch im letzten Augenblick; wenn es selbst mit Glockenklang und Beethoven'scher Musik seine Befreiung, seine Rückkehr zur Menschheit hätte feiern können, anstatt dass nun das Ende des Hitlertums zugleich der völlige Zusammenbruch Deutschlands ist – freilich, das wäre besser, wäre das Allerwünschenswerteste gewesen. Es konnte wohl nicht sein [...]

Fünfundfünfzig Radiosendungen nach Deutschland. Radiosendung vom 10.5.1945. In: ders.: Ges. Werke in 13 Bänden, Bd. XI: Reden und Aufsätze 3. © S. Fischer Verlag GmbH, Frankfurt a. M. 1960, 1974

Richard von Weizsäcker (*1920), Jurist und Politiker, von 1984 bis 1994 der 6. Bundespräsident der BRD:

Richard von Weizsäcker

Rede zum 8. Mai 1985

Der 8. Mai ist für uns vor allem ein Tag der Erinnerung an das, was Menschen erleiden mussten. Er ist zugleich ein Tag des Nachdenkens über den Gang unserer Geschichte. Je ehrlicher wir ihn begehen, desto freier sind wir, uns seinen Folgen verantwortlich zu stellen.
Der 8. Mai ist für uns Deutsche kein Tag zum Feiern. Die Menschen, die ihn bewusst erlebt haben, denken an ganz persönliche und damit ganz unterschiedliche Erfahrungen zurück. Der eine kehrte heim, der andere wurde heimatlos. Dieser wurde befreit, für jenen begann die Gefangenschaft. Viele waren einfach nur dafür dankbar, dass Bombennächte und Angst vorüber und sie mit dem Leben davongekommen waren. Andere empfanden Schmerz über die vollständige Niederlage des eigenen Vaterlandes. Verbittert standen Deutsche vor zerrissenen Illusionen, dankbar waren andere Deutsche für den geschenkten neuen Anfang [...]

Der 8. Mai war ein Tag der Befreiung. Er hat uns alle befreit von dem Menschen verachtenden System der nationalsozialistischen Gewaltherrschaft.
Niemand wird um dieser Befreiung willen vergessen, welche schweren Leiden für viele Menschen mit dem 8. Mai erst begannen und danach folgten. Aber wir dürfen nicht im Ende des Krieges die Ursache für Flucht, Vertreibung und Unfreiheit sehen. Sie liegt vielmehr in seinem Anfang und im Beginn jener Gewaltherrschaft, die zum Krieg führte. Wir dürfen den 8. Mai 1945 nicht vom 30. Januar 1933 trennen. Wir haben wahrlich keinen Grund, uns am heutigen Tag an Siegesfesten zu beteiligen. Aber wir haben allen Grund, den 8. Mai 1945 als das Ende eines Irrweges deutscher Geschichte zu erkennen, das den Keim der Hoffnung auf eine bessere Zukunft barg.

http://www.lpb.bwue.de/kriegsende.php3

1 Vergleichen Sie, wie in den zwei Textausschnitten das Kriegsende dargestellt wird.

2 Verfassen Sie einen Text, in dem Lena ihrem Enkel über das Kriegsende erzählt.

Spiegelungen der Geschichte

Kriegsende und Stunde null

Für die Schülerinnen und Schüler ist das Kriegsende von 1945 ein historisches Ereignis, zu dem sie Distanz haben und das in den Familiengeschichten nur noch eine untergeordnete Rolle spielen wird, über das sie jedoch aus dem Unterricht sowie aus in den Medien immer noch breit erinnerten Gedenktagen Vorkenntnisse haben werden. Allerdings ist davon auszugehen, dass Kriege für unsere Schülerinnen und Schüler zur allgegenwärtigen „Normalität" ihrer Weltwahrnehmung gehören; für viele Schülerinnen und Schüler in unseren multinational zusammengesetzten Lerngruppen durch ihre Rolle in dem realen Leben ihrer Familien, für die andern durch ihre permanente (mediale) Präsenz. Die Arbeit mit der KV könnte mit einem Gespräch über die Realität von Krieg in unserer Zeit ansetzen, eventuell auch gestützt durch ein Mindmap.

Die zwei ausgewählten Dokumente sollen den Schülerinnen und Schülern unterschiedliche Reaktionen auf das Kriegsende 1945 vorstellen, wobei die vorgestellten Reaktionen ebenfalls von Distanz geprägt sind: von geografischer Distanz die (gleichzeitige) Radiosendung von Thomas Mann, die aus Los Angeles an deutsche Hörer gerichtet ist, und von historischer Distanz die Ansprache des Bundespräsidenten Richard von Weizsäcker angesichts der Gedenkfeier *40 Jahre Kriegsende* am 8. Mai 1985.

1 Thomas Mann äußert sich zum „Jubel der Welt" angesichts des Endes des Weltkriegs, der „der tiefsten Demütigung des eigenen Landes gilt", und macht deutlich, was dies für ihn, den ins Exil gegangenen Deutschen, aber auch für die Deutschen in Deutschland bedeutet. Dabei geht Mann sehr sensibel auf die Gefühle seiner Landsleute in Deutschland ein, die er dafür gewinnen will, am Ende des Krieges nicht nur dem Gefühl der Niederlage ausgeliefert zu sein, sondern auch und vor allem das Gefühl der Befreiung empfinden zu können. Zu bedauern sei dabei nur, dass die Deutschen sich nicht selbst befreien konnten („mit Glockenklang und Beethoven'scher Musik").

Auch noch vierzig Jahre später mahnt der damalige Bundespräsident Richard von Weizsäcker in einer seinerzeit viel beachteten Rede davor, den Gedanken der Niederlage zum beherrschenden Thema des Gedenkens werden zu lassen, und stellt dezidiert die Sichtweise der Befreiung der Deutschen von einem Menschen verachtenden System in den Mittelpunkt seiner Rede. Was Menschen auch im und nach dem Krieg an Leid erfahren haben, müsse als Folge eben dieses Systems angesehen und gewertet werden, nicht als Folge des Kriegsendes.

2 Wenn die Schülerinnen und Schüler sich auf ihre produktive Schreibaufgabe vorbereiten, werden sie vor allem die Seiten 87 f. sowie 146 ff. heranziehen. In der ersten Stelle erhält man Aufschluss über die unmittelbare Reaktion Lenas auf das proklamierte Ende der Kampfhandlungen, in der zweiten Textstelle wird Lenas Reaktion auf das Bekanntwerden der Schoa dargestellt. Für Lena Brücker ist der Tag des Kriegsendes weder ein Tag des Jubels noch ein Tag der Demütigung (vgl. Thomas Mann), sondern ein Tag, an dem die Mächtigen endlich eine Spur von Vernunft wiedergefunden zu haben scheinen („bisschen spät, die Einsicht […] aber noch nicht zu spät"). Anscheinend ungerührt verhält sie sich wie alle Tage, nimmt ihren Henkelmann mit Erbsensuppe, „sagt: Dann mal tschüs". Kaum und doch überdeutlich kommentierend fügt der Erzähler hinzu: „So geht für sie das Tausendjährige Reich zu Ende." In solchen Bemerkungen macht er seine Einschätzung der Handlungsmöglichkeiten der „kleinen Leute" deutlich, zeigt, dass für sie die praktische Bewältigung ihres alltäglichen Lebens (der Henkelmann) die Priorität hat vor dessen verbaler politisch-philosophischer Bewältigung. Dies wird Lena Brücker ihrem Enkel verdeutlichen wollen, und dabei wird sie auf die fast groteske Situation verweisen, in der sie wie eine Seherin etwas „verkündet", das niemand zu hören scheint. Die Leute, die ihr auf ihrem Heimweg begegnen, sind noch zu sehr in die Wirren und Ängste ihrer Lebenspraxis verstrickt, um die Neuigkeit wahrnehmen zu können.

An keiner Stelle des Textes erlebt man Lena auch nur annähernd so aufgewühlt, beschämt, schuldig wie in der zweiten der oben angeführten Textstellen; und es schließt sich ja an diese Textstelle auch Lenas Entscheidung für ein Leben in der Wahrheit an. Interessant bei der Besprechung der Arbeiten der Schülerinnen und Schüler wird sein, ob sie zu der Einsicht gelangen, dass Lena die Verdrängung der Massenmorde der Nazis nicht mitvollziehen wird, auch nicht einem Kind gegenüber.

Helden, Antihelden, Frauenhelden

Hermann Bremer als moderner Odysseus

Homers *Odyssee*, ein Heldenepos von 12 000 Versen, schildert die zehnjährige Irrfahrt und die Abenteuer des tapferen und listenreichen Odysseus, des Königs von Ithaka, vom Beginn des Trojanischen Krieges bis zu seiner Heimkehr.

Foto: akg-images

Franz von Stuck: Tilla Durieux als Circe (1912/13)
Öl auf Holz, 60 x 68 cm

Foto: © bpk/Hamburger Kunsthalle/Elke Walford/© VG Bild-Kunst, Bonn 2006

Max Beckmann: Odysseus und Kalypso (1943)
Öl auf Leinwand, 150 x 115,5 cm

Eine von Odysseus' Stationen ist der Aufenthalt auf der Insel Aiaia bei der verführerischen Kirke, einer Tochter des Sonnengottes Helios. Kirke bietet ihren Gästen giftige Getränke an, durch die sie zu zahmen Tieren werden. Dieses Schicksal ereilt auch Odysseus' Gefährten, die in Schweine verwandelt werden. Odysseus erkämpft ihre Rückverwandlung und bleibt ein Jahr bei der schönen Zauberin.

Nach weiteren gefährlichen Abenteuern treibt das Geschick Odysseus auf die Insel Ogygia zu der schönen Nymphe Kalypso, der Tochter des Atlas. Sieben Jahre lebt Odysseus bei Kalypso; sie bringt drei Kinder zur Welt. Odysseus wird zunehmend von Trauer erfasst, da er sich nach seiner Heimat sehnt. Die Göttin Athene befiehlt Kalypso, Odysseus freizugeben. Kalypso stellt ihm traurig Werkzeuge zur Verfügung, damit er sich ein Floß für die Heimfahrt bauen kann, versorgt ihn mit Speisen und Trank und nennt ihm die Sterne, an denen er sich während seiner Fahrt orientieren kann.

1 Wie stellen Franz von Stuck und Max Beckmann die beiden mythologischen Frauengestalten dar; wie Odysseus?

2 Welche Bezüge zur *Odyssee* lassen sich in der *Entdeckung der Currywurst* finden?

3 Hermann Bremer – ein moderner Odysseus?

Helden, Antihelden, Frauenhelden

Hermann Bremer als moderner Odysseus

Uwe Timm selbst ist der Hinweis zu verdanken, dass Bremer, „der Held, der Deserteur, der gerade kein Held ist", aus den Lösungsbuchstaben des Kreuzworträtsels „etwas über sein Schicksal" hätte erfahren können" (vgl. KV 24). Dieser Sichtweise soll bei der Behandlung der KV anhand von zwei Beispielen nachgegangen werden. Lohnend könnte es sein, wenn eine Schülerin oder ein Schüler mit einem Kursreferat über Homers *Odyssee* informieren würde.

1 Die Schülerinnen und Schüler erhalten zunächst als Bildvorlagen zwei berühmte Darstellungen der beiden mythologischen Frauengestalten.

In Franz von Stucks Gemälde *Tilla Durieux als Circe* aus dem Jahre 1912 oder 1913 sieht man die Schauspielerin (eigentlich Ottilie Godefroy, 1880–1971), die 1912 in München als „Circe" in Calderons gleichnamigem Stück aufgetreten ist, im Profil. Von dem dunklen Bildhintergrund heben sich weiß das Gesicht, die Arme und das Dekolletee der verführerisch gekleideten Kirke ab, die sich dem auf dem Bild ausgesparten (männlichen) Gast mit einem tiefen Blick und leicht geöffnetem Mund verführerisch nähert. Sie präsentiert ihm eine Schale, die den verzaubernden Trank enthält, der den Gast in ein Tier verwandeln wird. Das Bild wirkt durch den ungeheuren Kontrast zwischen der dargestellten Anmut, Schönheit und Lockung der Frau und dem Wissen des Bildbetrachters über die verheerende Wirkung, die die Annahme des Tranks, also das Unterliegen unter die Verführungsgewalt, haben wird. Auf diese Weise entlarvt der Bildbetrachter die verführerische Annäherung der Zauberin als Verstellung.

Max Beckmanns Gemälde zeigt Odysseus in den Armen der Nymphe Kalypso. Mit inniger Zärtlichkeit wendet sich Kalypso dem Mann zu, schmiegt sich nackt an ihn. Auch ihr Gesicht ist im Profil zu sehen, doch statt Verführung und Verstellung ist es von Liebe und Anteilnahme gekennzeichnet. Kalypsos sanfte Zuwendung spiegelt sich auch in der Idyllik der die Szene umgebenden Tiere wider, die domestiziert, ungefährlich das Paar umgeben. Der auf dem Rücken liegende Odysseus, nackt wie die Nymphe, kann deren Zärtlichkeit nicht erwidern. Die Hände hat er hinter dem Kopf verschränkt, die Beine fest auf den Boden aufgestützt, von ihm geht also kein körperliches Signal der Nähe aus. Sein Blick ruht nicht auf Kalypso, sondern richtet sich in die Ferne. Auf dem Kopf trägt er seinen Kampfhelm, und auch an den Beinen trägt Odysseus noch Teile seiner Rüstung; es wird überdeutlich, dass Odysseus nicht ganz bei Kalypso ist, wegstrebt.

2 Die Bezüge zur *Entdeckung der Currywurst* sind deutlich; in Bremers Kreuzworträtsel ist „ein griechischer Dichter mit H, fünf Buchstaben" zu lösen (S. 72), ebenso wird eine „griechische Zauberin. Fünf Buchstaben. Erster Buchstabe ein K" (S. 140) gesucht, das Bremer aber nicht finden kann; ein weiteres Lösungswort ist „Kalypso" (S. 187).

3 Auf dem assoziierten Hintergrund des hohen griechischen Versepos' hebt sich Hermann Bremer in seiner ganzen Tumbheit und Mediokrität fast ein wenig Mitleid erregend ab. Sicherlich hat auch er in den Wirren der Zeit eine Art Odyssee hinter sich, die ihn von seiner Frau und seinem Sohn trennt. Sein Lebenslauf ist durch den Krieg, aber auch vorher schon durch ein ihn von andern unterscheidendes Fernweh geprägt. (Die Schülerinnen und Schüler könnten einen genauen tabellarischen Lebenslauf Bremers verfassen; der Text erlaubt einen detaillierten Nachvollzug; Stichworte: geboren 1921 – er ist zu Kriegsende 24 Jahre alt – in Petershagen an der Weser, gutbürgerliche Herkunft, Familie nicht unbegütert – eigene Reitpferde –, Maschinenbaulehre; Schifffahrt nach Indien; 1939 Marine, Kriegsteilnahme auf Sylt, dann lange in Oslo (genauer S. 30 f., 17, 22 f.), aber wenig unmittelbare Kampferfahrungen). Wie große Helden besitzt auch Bremer ein (mythisches, märchenhaftes) Attribut, das ihn schützt, allerdings ist auch dieses Attribut von kleinbürgerlicher Durchschnittlichkeit – beispielsweise verglichen mit Siegfrieds Bad in Drachenmilch –, ein Glücksbringer, ein silbernes Reiterabzeichen. Davon abgesehen wird Bremer im Laufe der Handlung immer mehr zum Antihelden, vor allem in der Zeit nach dem Krieg, als er „weiterhin leise auf Socken" in der Wohnung herumgeht. Selbst Lena findet ihn „komisch" und „nimmt ihn nicht mehr so furchtbar ernst" (S. 91). So wenig wie Bremer in Charakter und Verhalten einem Helden gleicht, so wenig ist Lena mit Kirke oder Kalypso vergleichbar, auch wenn sie wie diese den Zwangsaufenthalt des Gastes diesem mit Liebe und Nahrung angenehm machen möchte. Auch ihr Liebe fordernder Ausruf „jetzt komm mal, mein Held" (S. 85) wirkt eher ironisch; und Bremers Selbstwahrnehmung als „Schwein" (S. 138) schließlich ist ein Höhepunkt der Anspielungstechnik in der *Entdeckung der Currywurst*.

Helden, Antihelden, Frauenhelden

Bremer in der Falle

In *Lysistrata*, einer Komödie des griechischen Dichters Aristophanes (448–385 v. Chr.), verweigern sich die Frauen der Krieg führenden Spartaner und Athener ihren Männern, um sie auf diese Weise zum Friedensschluss zu zwingen.

Aristophanes

Lysistrata (4. Szene)

KINESIAS: Wie kannst du so mir's machen, Böse? Folgst den Weibern da und marterst mich und quälst dich selber mit? *(Greift nach ihr.)*
MYRRHINE: Die Hand weg! Lass mir Ruh!
KINESIAS: Du ziehst die Hand ab und zuschanden geht daheim mein Gut und deines!
MYRRHINE: Schiert mich wenig!
KINESIAS: So? Dir ist's gleich, wenn deine Weberei herab die Hühner zerren?
MYRRHINE: Mir ist's gleich!
KINESIAS: Wie lange schon hast du Aphrodites Nachtfest nicht mitgemacht? Sag, kommst du nicht mit heim?
MYRRHINE: Niemals, bei Zeus, wenn ihr den Krieg nicht endigt und Frieden macht!

Hrsg. v. Otto Seel. Deutsche Übersetzung von Ludwig Seeger. Stuttgart: Klett 1949, S. 42

Erich Kästner

Fantasie von Übermorgen

Und als der nächste Krieg begann,
da sagten die Frauen: Nein!
und schlossen Bruder, Sohn und Mann
fest in der Wohnung ein.

5 Dann zogen sie, in jedem Land,
wohl vor des Hauptmanns Haus
und hielten Stöcke in der Hand
und holten die Kerle heraus.

Sie legten jeden übers Knie,
10 der diesen Krieg befahl:
Die Herren der Bank und Industrie,
den Minister und General.

Da brach so mancher Stock entzwei.
Und manches Großmaul schwieg.
15 In allen Ländern gab's Geschrei,
und nirgends gab es Krieg.

Die Frauen gingen dann wieder nach Haus,
zum Bruder und Sohn und Mann,
und sagten ihnen, der Krieg sei aus!
20 Die Männer starrten zum Fenster hinaus
und sahn die Frauen nicht an …

Gedichte gegen den Krieg. Hrsg. v. Kurt Fassmann.
Frankfurt a. M.: Zweitausendeins o. J., S. 147

1 Interpretieren Sie Kästners *Fantasie von Übermorgen* und vergleichen Sie sie inhaltlich mit dem Ausschnitt aus *Lysistrata*.

2 Beschreiben Sie die einzelnen Phasen von Bremers Aufenthalt bei Lena und erläutern Sie wesentliche Veränderungen.

3 Wie deuten Sie Bremers Geschmacksverlust?

Helden, Antihelden, Frauenhelden

Bremer in der Falle

1 Kästners *Fantasie von Übermorgen* schildert eine Kriegsvereitelung durch den Zusammenhalt von Frauen unterschiedlicher Nationalitäten, die die Männer, die sie lieben („Bruder, Sohn und Mann"), in der Wohnung einschließen, als ein Krieg aufgerufen wird. Anschließend verprügeln sie diejenigen, die für die Kriegserklärung verantwortlich sind: „die Herren der Bank und Industrie, den Minister und General", also Führungskräfte aus Politik, Wirtschaft und Militär, die dabei als feige entlarvt („Großmaul") und der äußersten Lächerlichkeit preisgegeben werden. Der Krieg allerdings ist nach dieser Szene zu Ende. Kästner greift in diesem Gedicht das alte Motiv der Frauensolidarität als besonderer Form des Pazifismus auf. Im Unterschied zu Aristophanes' *Lysistrata*, wo die Frauen der befeindeten Athener und Spartaner (hier am Beispiel der Myrrhine) das Kriegsende durch sexuelle Verweigerung erzwingen, die Männer aber immerhin noch Männer bleiben, werden sie in Kästners *Fantasie von Übermorgen* zu kleinen Kindern – und zwar sowohl die bestraften schuldigen als auch die geretteten unschuldigen Männer, die am Ende des Gedichts „zum Fenster hinaus" starren.

Lena Brücker hat in ihrem Verhalten gegenüber Hermann Bremer am Anfang etwas von Kästners Müttern, aber auch etwas von Lysistratas Frauen; ihr Mittel ist allerdings weniger die Verweigerung als die Verführung. Bremer seinerseits ähnelt den zu Kleinkindern verwandelten Männern in Kästners Gedicht; zumindest wird, wie bei der Aufgabe 2 herauszuarbeiten sein wird, sein Veränderungsprozess als Infantilisierung beschrieben.

2 Die einzelnen Phasen von Bremers Aufenthalt bei Lena Brücker sind:

2.1. Entscheidung für die „Fahnenflucht" und Reflexion dieser Entscheidung. Bremer weiß genau, dass sein Einsatz in der Lüneburger Heide einem Todesurteil gleichkommt, wenn er sich also trotz großer Angst vor einer möglichen Entdeckung bei Lena Brücker versteckt, so ist diese Entscheidung Folge eines rationalen Vergleichs der Risiken, die von ihm in an Shakespeares *Hamlet* erinnernden Fragen immer wieder „abgewogen" werden. (S. 41: „Bei beiden Alternativen zählte nur dies: heil durchzukommen. Aber welche bot die größeren Chancen? Das war die Frage […]"; S. 43: „Liegen bleiben oder aufstehen?")

2.2. Danach richtet er sich in Lena Brückers Wohnung häuslich ein; seine Tage verbringt er mit Hausarbeit, vor allem Saubermachen, mit sorgfältiger Körperpflege, mit Blicken aus dem Fenster und Deuten seiner Wahrnehmungen, mit dem Ausspähen von Lenas Privatbereich, dem Lösen von Kreuzworträtseln und dem Nachvollziehen der Kriegssituation auf Lenas Atlas. Die Abende und Nächte verbringt er mit Lena und den ihm von ihr gebotenen „Genüssen". Allmählich bedrängt ihn das Gefühl, in einer Falle zu sitzen (S. 119).

2.3. Im Laufe der Zeit – nach Kriegsende, d. h. auch nach dem Einbruch von Lenas Lüge in die Beziehung, verdichtet sich sein Gefühl, in der Falle zu sitzen (S. 124); gleichzeitig verliert er seinen Geschmack, was er Lena zunächst verschweigt (Szene, in der Lena und Bremer Kaugummi kauen). Dabei nimmt er immer mehr an Gewicht zu; wirkt auf Lena immer mehr wie ein Kind, das auf dem Atlas Krieg spielt, wobei sie ihn fast ein wenig verachtet. (Dabei erzeugt sie diese Infantilisierung mit, indem sie verkennt, wie relevant für ihn die sparsamen und falschen Informationen vom Stand bzw. Ende des Kriegs sind, da nur sie ihm die Voraussetzung zu einer eigenen Gestaltung seines Lebens und zum Verlassen der „Falle" geben.) Es kommt zu einem Kampf zwischen Lena und Bremer, in dem dieser verletzt wird. Ihr bis zu diesem Zeitpunkt intaktes Sexualleben erlischt.

2.4. Lena versucht, seinen Geschmack durch eine gewürzreiche Kost wiederzuerwecken; Bremer leidet immer mehr an Langeweile; die Beziehung zwischen Lena und Bremer hat Risse. Bremer fühlt sich wie „ein Schwein" (S. 138), Lena leidet an der Mauer, die durch die Lüge zwischen ihnen entstanden ist, und überlegt sich, wie sie ihm die Wahrheit sagen kann, ohne dass Bremer das Gefühl erhalten muss, „wie ein Haustier"(S. 131) gehalten worden zu sein.

2.5. Nachdem Lena ihm, aufgerüttelt durch Fotografien von Konzentrationslagern, die Wahrheit sagt, kann er all das Gehörte nicht verarbeiten, auch nicht in sein System einer ehrenhaften Kriegsführung integrieren – ihm fehlen schließlich auch die Wochen, in denen Lena ihm alle Informationen verweigert hat, und er verlässt sie wortlos.

3 Dass Bremer seinen Geschmack verliert, symbolisiert den Verlust seiner Genussfähigkeit, d. h. auch seiner (menschenwürdigen) Lebensfähigkeit.

Helden, Antihelden, Frauenhelden

Hermann Bremer und Gary (Willi) Brücker

	Hermann Bremer	Gary Brücker
Aussehen		

Der amerikanische Schauspieler Gary Cooper (um 1935)

Die wichtigsten Fakten des Lebenswegs		
Besonderes Attribut		
Charakter-eigenschaften		
Held?		
Qualitäten als Liebhaber		

1 Vergleichen Sie Lena Brückers Geliebten Hermann Bremer und ihren Ehemann Gary (Willi) Brücker (vor seiner Rückkehr).

2 Beschreiben und analysieren Sie Garys Entwicklung nach seiner Rückkehr.

3 Analysieren Sie Bremers und Garys Rollenverständnis.

4 Was „lernt" Lena aus ihrer Beziehung zu Bremer?

Helden, Antihelden, Frauenhelden

Hermann Bremer und Gary (Willi) Brücker

	Hermann Bremer	Gary Brücker
Aussehen	mittelblondes Haar, sommersprossig, offene Augen, dünn; sieht sehr jung aus (S. 19/20)	Aussehen wird immer wieder mit dem Gary Coopers verglichen
Die wichtigsten Fakten des Lebenswegs	Maschinenbaulehre, Indienfahrt, Soldat (Marine), ab 1939 Sylt (Reiterabzeichen), Oslo (Seekartenkammer), abkommandiert für den „Endkampf", „Gefangenschaft" bei Lena	Barkassenführer, Schmuggler, Gefängnis, Fernlastfahrer, Soldat ab 1939, Kriegsgefangenschaft
Besonderes Attribut	silbernes Reiterabzeichen	Kamm
Charaktereigenschaften	nüchtern (S. 82), ängstlich, aber nicht feige (S. 27f., 41), neugierig (S. 73), unaufrichtig (S. 84), vorsichtig, kann nicht gut erzählen (S. 89), sauber, reinlich, ordentlich	charmant, eitel, frauenbezogen, legt viel Wert auf Kleidung und Aussehen (S. 76, 99), lebt über seine Verhältnisse (deswegen Schmuggelei)
Held?	durchgängig wird Bremers Angst betont (S. 41, 65); „jetzt kommt mein Held" (Lena, S. 85) – Antiheld	„Der kommt durch. Ist kein Held" (Lena, S. 32), Frauenheld
Qualitäten als Liebhaber	zärtlich (S. 57), leidenschaftlich (S. 57), guter Liebhaber (S. 90f.)	nach „Eroberung" schnell gleichgültig

1 Schon der tabellarische Vergleich zeigt, dass die beiden Männerfiguren einander sehr präzise gegenübergestellt sind, wenngleich auch auf einige offensichtliche Ähnlichkeiten nicht verzichtet wird (so die – auf unterschiedlichen Merkmalen beruhende – Attraktivität beider Männer, ihr Hang zur Freiheit, symbolisiert durch beider Nähe zur Seefahrt, ihre „Gefangenschaft", die beide körperlich wohlbehalten überstehen; Gary „sah prächtig aus" und hat „Sonderrationen bekommen", S. 153; Bremer hat in den Tagen seines Zwangsaufenthalts bei Lena sehr zugenommen u. a.; eine weitere Parallelität besteht in der unrühmlichen Rolle, die beide am Ende der Beziehung spielen, wenn der eine sich wortlos in den Kleidern des „Lords vom Trampgang" absetzt, während der eitle „Lord" selbst sogar in Schlappen aus Lenas Leben verschwinden muss).

2 Nach seiner Rückkehr aus der Kriegsgefangenschaft ändert sich zunächst wenig; Brücker akzeptiert vordergründig, dass seine Frau sich in den Jahren seiner Anwesenheit verändert hat und ihm offensichtlich untreu gewesen ist („Gut, sagte er, wir sind quitt", S. 154), da die Vorteile seiner ehelichen Situation überwiegen.

3 Gary hat ein sehr traditionelles Rollenverständnis; seiner Auffassung nach geht eine gute Ehefrau und Mutter zu Hause ihren häuslichen Pflichten nach, hat sich auf für ihren Mann bequeme Art auch ihren „ehelichen" Pflichten zu unterwerfen, ohne dabei Ansprüche auf Glück und Lust zu äußern, während der Mann zudem außerhäusliche Erfahrungen und Erlebnisse machen darf und auch das Recht zur Untreue hat. Zu Hause lässt er sich gehen, belästigt seine Frau mit den Auswirkungen seines Alkoholkonsums. Nach seiner Rückkehr wird sein Verhalten noch extremer; seine Frau ist auf eine dienende Funktion reduziert, hat als Sexualobjekt zur Verfügung zu stehen, sein Essen zu bereiten und seine Wäsche zu pflegen. Fast grotesk wirkt der Unterschied zwischen seinem häuslichen wahren Bild und seiner (gesäuberten, gepuderten, getönten, gefärbten) Ausgehmaske. Bremer hingegen hat noch keine völlig gefestigten Rollenvorstellungen; in der (erwachsenen) Rolle als Vater fühlt er sich sichtlich noch unwohl, sodass er sich in einer extremen Ausnahmesituation gerne den weichen Armen einer starken Frau überlässt, die er insgesamt sogar als überlegen wahrnehmen muss; sogar im Kampf erweist sie sich als stärker als er.

4 Lena hat aus ihrer Beziehung mit Bremer gelernt, dass auch eine Frau Anspruch auf Kommunikation, Selbstbestimmung, Gleichberechtigung, Glück und sexuelle Erfüllung hat und gemäß diesem Anspruch leben kann. Die Tatsache, dass sie in der Lage ist, dem jungen Marinesoldaten bei sich ein Obdach zu gewähren – obwohl dies für sie so gefährlich wie für ihn werden könnte –, und dass sie es vermag, ihn auch dann noch trickreich bei sich zu verstecken, als der Krieg vorbei ist, beweist ihr, dass sie stark und autonom ist, und gibt ihr dann auch die Kraft, ihren Ehemann vor die Tür zu setzen, als seine Missachtung ihrer Persönlichkeit das Maß übersteigt, das sie hinzunehmen bereit ist.

Moral

Wahrheit und Lüge

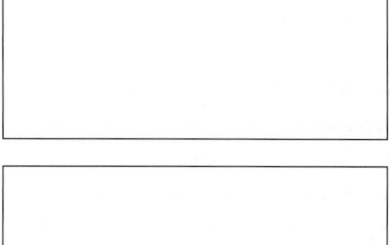

1 a Notieren Sie in den Kästen Textstellen, wo Lena verschiedenen Personen gegenüber die Unwahrheit sagt, und beurteilen Sie das in moralischer Hinsicht.

b Beziehen Sie Brechts Verse aus *O Deutschland, bleiche Mutter* (1933) mit ein.

2 Erklären Sie, warum Lena Bremer das Kriegsende verschweigt.
Wie geht sie mit dieser Lüge um und wodurch findet sie wieder zur Wahrheit?

3 Untersuchen Sie, wie die Comic-Zeichnerin Isabel Kreitz diese Schlüsselszene gestaltet.

> In deinem Hause
> Wird laut gebrüllt, was Lüge ist
> Aber die Wahrheit
> Muß schweigen.
>
> Bertolt Brecht
> Gesammelte Werke 9, S. 487 f.

Moral

Wahrheit und Lüge

Uwe Timm sagt über *Die Entdeckung der Currywurst*: „Es ist ein Buch über Wahrheit und Lüge." (KV 24) Diesem Hinweis soll mit Hilfe der Arbeit an dieser KV nachgegangen werden. Dabei wird hier allerdings darauf verzichtet, das Problem der Wahrheit auf verschiedenen Ebenen (philosophisch, moralisch, religiös, psychologisch usw.) zu definieren und zu untersuchen; vielmehr wird von dem simplen alltagssprachlichen Wissen ausgegangen, dass Wahrheit und Unwahrheit bei der Frage der Übereinstimmung einer Aussage mit der Wirklichkeit auszumachen sind und dass Unwahrheiten unabsichtlich (z. B. auf Grund subjektiven Irrens) oder absichtlich ausgesprochen werden; im letzteren Fall werden sie „Lügen" genannt und sind moralisch anzweifelbar, aber nicht unbedingt gleichermaßen „verwerflich" (z. B. Notlügen usw.). Diese einfache Sichtweise ist hier nicht nur deswegen angebracht, weil sie sich mit Lena Brückers Konzeption deckt, sondern auch deswegen, weil die Frage nach der Wahrheitsdefinition an keiner Stelle thematisiert wird. Es geht also offensichtlich wirklich primär um „Wahrheit" in Zusammenhang mit zwischenmenschlicher „Anständigkeit", d. h., um die Frage, wann Unwahrheit „unanständig" wird, geprägt von der Überzeugung des Ich-Erzählers, dass die „kleinen Leute", die er schildert, dies instinktiv wissen.

1 a Lena Brücker sagt von sich, ein ehrlicher Mensch zu sein („Dabei hab ich nie gern gelogen. Tatsache. Schwindeln, klar, hin und wieder. Aber Lügen, hat meine Mutter immer gesagt, Lügen machen die Seele krank", S. 91); und diesem Selbstbild stimmen Leserinnen und Leser wohl uneingeschränkt zu, umso mehr, als der Ich-Erzähler alles tut, um dieses Bild zu untermauern. Auch die Schülerinnen und Schüler werden diese Einschätzung teilen, selbst wenn sie einzelne Unaufrichtigkeiten Lenas auffinden und kategorisieren werden. Die wichtigsten unwahren Aussagen Lena Brückers finden sich in folgenden Textstellen: S. 32 (Lena lügt in Zusammenhang mit dem Alter ihrer Tochter); S. 54 (Lena lügt bei der Befragung über Holzinger); S. 62 (Lena behauptet gegenüber Lammers, wieder zu rauchen); S. 79 (Lena erklärt Frau Eckleben, sie habe eine Freundin zu Besuch); S. 98 (Lena gibt Frau Eckleben gegenüber vor, nachts Gymnastik zu machen); S. 90–147 (Lena belügt Bremer, indem sie ihm verschweigt, dass der Krieg zu Ende ist).

b Der kurze Ausschnitt aus Brechts Gedicht *O Deutschland, bleiche Mutter* lenkt das Augenmerk auf die Verkehrung von Lüge und Wahrheit im Faschismus. In einem System, das von der laut herausgebrüllten Lüge (vgl. in der *Entdeckung der Currywurst* die Rede des Gauleiters Grün, S. 55 f., oder die Siegesmeldungen der Rundfunksprecher, S. 52 f.) gekennzeichnet ist, muss die Wahrheit „schweigen", da sie lebensgefährlich wird. (Herangezogen werden könnte auch Brechts *Maßnahmen gegen die Gewalt*.) Bezogen auf *Die Entdeckung der Currywurst* zeigt sich, dass diese Verkehrung dazu führt, dass Menschlichkeit – hier am Beispiel des Unterstützens des Saboteurs Holzinger oder des Deserteurs Bremer – sich nicht durch Wahrheit, sondern nur durch Unwahrheit erreichen lässt.

2 Lena hat folgerichtig an keiner Stelle moralische Skrupel, wenn sie in der Öffentlichkeit lügt; hingegen entwickelt sie immer mehr Skrupel und Bedenken hinsichtlich ihrer Unaufrichtigkeit im privaten Bereich, die sie zunächst noch zu unterdrücken sucht. Folgende Textstellen zeigen Lenas Umgang mit der privaten Lüge: S. 91, 93, 107, 117, 123, 128, 130–133, 143–145. Lena leidet sichtlich immer stärker an schlechtem Gewissen angesichts ihrer Unwahrheit, so sehr sie sie auch als schlichtes Verschweigen (euphemistisch) zu legitimieren sucht (erst auf S. 131 nennt sie ihr Verschweigen eine Lüge), sich selbst (sophistisch) einredet, ihre Lüge sei von der Wirklichkeit nicht so weit entfernt, und schließlich eine Entschuldigung in der Tatsache sucht, dass auch Bremer ihr etwas verschwiegen habe. Sie gesteht sich schließlich auch deutlich ein, dass ihre Unwahrheit aus rein egoistischen Gründen erfolgt ist, wenn sie an ihrem Geburtstag formuliert, sie gönne sich noch drei Tage (S. 145).
Dann aber bricht die Wahrheit aus Lena heraus, als sie die Fotografien der Befreiung der Konzentrationslager sieht; diese Fotografien erlauben ihr keinerlei Ausflucht mehr, jede Ausflucht käme ihr jetzt als „eine dreckige Lüge, mit der sie sich selbst beschmutzte"(S. 146) vor.

3 Es ist bewusst darauf verzichtet worden, auf der KV eine dieser Fotografien zu zeigen, um sie nicht wie einen üblichen „Bildimpuls" einzusetzen; sollten die Schülerinnen und Schüler sich mit ihrer Lehrerin/ihrem Lehrer dafür entscheiden, die Fotografien heranzuziehen, sollte das in Zusammenhang mit einer längeren und konzentrierten Unterrichtseinheit erfolgen (Fotografien und Textmaterial sind unter www.shoa.de auffindbar).
Isabel Kreitz hat in ihrer Comic-Version der *Entdeckung der Currywurst* diese Schlüsselszene ebenfalls ausschließlich aus der Perspektive Lenas dargestellt, ergänzt um eine (im Text nicht vorhandene) Szene, die Lena mit ihren Arbeitskollegen und Arbeitskolleginnen in der Küche zeigt, jede/jeder allein mit ihrem/seinem Entsetzen.

Moral

Anpassung und Widerstand

(aktive) Unterstützung	
Anpassung	
Indifferenz	
Distanz	
(aktiver) Widerstand	

1 Ordnen Sie die folgenden Figuren nach dem Grad ihrer Nähe bzw. Ferne zum Nationalsozialismus mit entsprechenden Textstellen dem passenden Begriff zu: Frau Eckleben, die Großmutter des Ich-Erzählers, Grün, Fröhlich, Bremer, Holzinger, Lammers, Wehrs.

2 Wie werden die Personen dargestellt, die das System unterstützen?

3 Wie erfolgt die Darstellung der Personen, die sich dem Nationalsozialismus nicht verschrieben haben?

4 Diskutieren Sie, ob Holzingers Sabotageakte in der Kantine „Widerstandshandlungen" sind.

5 Analysieren Sie Lenas Einstellung zum System.

Moral

Anpassung und Widerstand

Bereits auf der vorhergehenden KV ist thematisiert worden, dass die Handlungsweisen, die landläufig zur Kategorisierung des „Guten", „Anständigen" herangezogen werden, in einem faschistischen, also Menschen verachtenden und unmoralischen System nicht unreflektiert dieselbe Beurteilung erfahren können. Es sind somit Handlungen wie zu desertieren, einen Deserteur zu verstecken, zu lügen, jemandem das Essen zu verderben usw., durch die sich diejenigen, die sich vom System nicht vereinnahmen lassen, positiv von der Mehrheit der vom System Vereinnahmten, Angepassten oder das System gar aktiv Unterstützenden abheben.

1 Das System wird aktiv von Gauredner Grün und Betriebsführer Dr. Fröhlich unterstützt sowie von Lenas Nachbarn Frau Eckleben und Blockwart Lammers. Bremer gehört zu den (indifferenten, politisch eher desinteressierten) Mitläufern; als Soldat ist er an das Gehorchen gewohnt und will sich auch bewähren, wobei ihn Träume von Männlichkeit und Ehre leiten. Doch dann ist ihm sein Leben lieber als ein „ehrenhafter" Soldatentod, sodass er Unterschlupf in Lenas Wohnung sucht. In Distanz zum System stehen die Großmutter des Ich-Erzählers, Wehrs und Holzinger.

2 Bei den systemnahen Personen gibt es zwei Darstellungsprinzipien. Die Höhergestellten werden durchgehend satirisch dargestellt. Die Satire kulminiert an zwei Textstellen: S. 55 f. und S. 115. In der ersten Textstelle geht Holzingers Kochsabotage auf: In dem Text tauchen an dieser Stelle gehäuft Farbadjektive (an denen der Text insgesamt eher arm ist) auf: „Gauredner **Grün**, der in seiner **braunen** Uniform **käsiggrau** wirkte, kam mit dem Betriebsführer Dr. Fröhlich, auch er in **brauner** Parteiuniform, weichfallenden **braunen** Langschäftern, gestärktem **hellbraunem** Hemd, **goldenen** Manschettenknöpfen."
Diese Einführung in die Szene, in der dann Grün und Fröhlich zunächst ihre Naziphrasen dreschen und dann, von Brechdurchfall ergriffen, unvermittelt und bar jeglicher „Würde" auf die Toilette „stürzen" müssen, führt dazu, alle verbalen und physischen „Ergüsse" der beiden Uniformträger mit der Farbe braun zu assoziieren: die Symbolfarbe der Nationalsozialisten wird als Farbe der Fäkalien entlarvt.
In der zweiten satirischen Textstelle gelingt es Lena, Fröhlich vor den englischen Offizieren, die inzwischen die Behörde kontrollieren, als Nazi zu enttarnen, indem sie ihm eine in jahrelanger Gewohnheit vertraute Floskel in den Mund legt (arbeiten bis „zum Endsieg"); diese Bloßstellung wird Fröhlich Lena im weiteren Verlauf büßen lassen.
Im Vergleich dazu vollzieht sich die Darstellung der „kleinen" Leute, die sich dem Nationalsozialismus zugewandt haben, nicht ohne Anteilnahme, wenngleich auch sie eher lächerlich bleiben. Am deutlichsten wird dies bei Blockwart Lammers, der eigentlich ein benachteiligter körperlich verkrüppelter Sonderling ist, der an Seelenwanderung glaubt und von den Nachbarn ausgelacht worden ist, bis ihm seine Funktion als Blockwart, symbolisiert durch Militärmantel und andere Attribute der Macht, eine privilegierte Position

(z. B. mehr Wurst und Brötchen), d. h. mehr Wohlergehen und auch mehr (äußere) Respektabilität verschaffen. Er ist Nutznießer des Systems, und seinen Profit dankt er dem System mit Treue und Loyalität. Ausschließlich unsympathisch wirkt Frau Eckleben; auch ihr werden komische Züge verliehen (dadurch, dass sie, die alles weiß und ausspioniert, Lena ausgerechnet dann fast verschwörerisch zu respektieren beginnt, als diese einen Deserteur versteckt).

3 Die systemfernen Personen erhalten im Unterschied dazu alle positive Charaktermerkmale: Mut (die Großmutter des Ich-Erzählers), Wahrheitsliebe (Wehrs; diese Tugend allerdings erweist sich als tödlich), Erfindungsreichtum und Schwejk'sche List und Schlauheit (Holzinger).

4 Ob die Kochsabotage des „Zauberers" Holzinger, die er während der Zeit des Nationalsozialismus an unterschiedlichen Dienststellen ausübt, wirklich als Widerstandshandlung angesehen werden kann, müsste von den Schülerinnen und Schülern differenziert diskutiert werden; dies beinhaltet insgesamt auch die realen Möglichkeiten zum Widerstand, die sich Menschen wie Holzinger oder Lena überhaupt bieten (vgl. S. 102, s. unten).

5 Lena durchschaut den Nationalsozialismus und tut alles, um sich nicht vereinnahmen zu lassen: Sie verrät niemanden, sie ist mit Holzinger nicht nur solidarisch, sondern unterstützt ihn sogar unauffällig (sie bestellt für die Machthaber immer ein Essen, das diese nicht mögen), sie grüßt nicht mit dem Hitlergruß, sie beharrt auf sprachlicher Genauigkeit („Liebe" als privates Gefühl, S. 120), bleibt aufrichtig (S. 120), verweigert sich dem Antisemitismus (S. 120). Lena durchschaut die Möglichkeiten, die die „kleinen Leute" zum politischen Kampf haben: „Is ja das Kleine, was die Großen stolpern lässt. Nur müssen wir viele sein, damit die auch fallen" (S. 102). Nur zum Stolpern, nicht also zum Fall dient die Sabotage in der Küche. Ihr eigener Beitrag zum „Stolpern" der Großen ist das Verstecken eines Saboteurs: „Is vielleicht das Beste, was ich gemacht hab, einen verstecken, damit er nicht totgeschossen wird und auch andere nicht totschießen kann" (S. 103). Lena reiht sich in die Reihe der Brecht'schen Frauengestalten der „kleinen Leute" insgesamt ein, die in allen Zeit- (und Kriegs-)wirren ihren Kern an innerer Anständigkeit nicht verlieren.

Genüsse

Kochen

„Auch ein Spitzenkoch
hat mal
Heißhunger auf eine
Currywurst!"

Currywurst

Currysauce

1 EL Olivenöl • 1 Dose Tomatenmark (125 g) • 2–3 EL Currypulver • 1 EL Cayennepfeffer • 250 ml Orangensaft • etwas gekörnte Instantbrühe • 2 Sternanis • Salz, Pfeffer, Zucker

Olivenöl in einem Topf erhitzen, Tomatenmark darin bei mittlerer Hitze kurz anschwitzen. Currypulver und Cayennepfeffer unterrühren und mit Orangensaft ablöschen. Etwas gekörnte Brühe einrühren, Sternanis dazugeben, alles zum Kochen bringen und 2 Minuten lang kochen. Mit Salz, Pfeffer und Zucker abschmecken. Wenn die Sauce zu dick wird, einfach mit etwas Wasser verdünnen.

Würste

6 große Currywürste vom Fleischer (à 300 g) • 2 EL Öl

In der Zwischenzeit Currywürste im heißen Öl braten.
Die Currywürste mit der Sauce und Pommes frites servieren.

Richtlinien für das Leben unter einfachsten Verhältnissen

An die Leiter der Gauämter für Volksgesundheit der NSDAP   Berlin, den 5. April 1945

Die zur Zeit zur Verfügung stehenden Nahrungsmittelrationen liegen im Reichsgebiet unter dem Erhaltungs-Minimum. Es droht somit in absehbarer Zeit eine Hungersnot. In den feindbesetzten Gebieten besteht sie bereits.

Im Einzelnen werden zur Erleichterung der Ernährungslage folgende Richtlinien herausgegeben.

Als in großen Mengen greifbare, somit für die Volksernährung wichtige neuartige Nahrungsmittel kommen in Frage:

1 Raps, Rapskuchen und Rapsextraktionsschrot. In gleicher Weise wie Raps sind Mohnkuchen, Leinsamen verwendbar. Hierbei Entbitterung nicht erforderlich.

2 Streckung des Brotes durch Ballaststoffe wie Baumflechten, Sägemehl, Baumrinde nicht zu empfehlen.

3 Kastanien enthalten wertvolle Stärke.

4 Eicheln werden zweckmäßig geröstet und dann als Getränk (Eichelkaffee) benutzt.

5 Zucker- und Runkelrüben stellen Massengemüse dar.

Ertrag je Flächeneinheit sehr hoch, deshalb Anbau auch im Gartengelände zu empfehlen.

6 Weitere Massengemüse sind Seradella, Klee, Luzerne, wenn jung geschnitten.

Diese Pflanzen können, wenn sie immer jung geschnitten werden, mehrfach geerntet werden.

7 Für den Haushalt kommt die Sammlung von Wildpflanzen, Wildbeeren, Wurzeln und Pilzen in Frage.

8 Verbesserung der Eiweißgrundlage durch Schlachtung aller greifbaren warmblütigen Tiere oder durch Sammlung niederer Wildtiere, z.B. Fische jeder Art, Frösche (Fang mit bunten Lappen, die im Wasser am Ufer entlanggezogen werden), Schnecken (Fang durch Benetzen von Stroh mit gärender oder faulender Masse, evtl. süßen Produkten, z.B. Melasse, Obstresten).

9 Verbesserung der Vitaminversorgung durch Aufbrühung von Kiefer- und Fichtennadeljungtrieben, einen Tag stehen lassen. Wirksam gegen Skorbuterkrankungen.

---

1   Welche Rolle spielt das Kochen für Lena Brücker in den verschiedenen Phasen ihres Lebens?

2   Currywurst 2004 (s. o.) und 1946: Wie lautet das Rezept von Lena Brücker?

3   Die *Richtlinien* informieren über das Ausmaß der Not im Frühjahr 1945.
Welche Informationen darüber können Sie Timms *Entdeckung der Currywurst* entnehmen?

Genüsse

Kochen

1 Tafelbild

lästige Pflicht	Garant für menschenwürdiges Leben	Mittel zur Selbstständigkeit und sozialen Integration
	Kochen	
Herausforderung für die Fantasie	Mittel zur Sabotage	Mittel für Lustgewinn und Selbsterkenntnis
		Mittel zur Verführung

Als junge Ehefrau und Mutter hat Lena „lustlos" gekocht (S. 35); erst in der Notzeit des Krieges, als sie alleine ist, für niemanden Mahlzeiten herstellen muss, „als alles fehlte", bekommt sie „Lust am Kochen" (S. 35), da der Mangel an Zutaten eine Herausforderung darstellte und ihr kreatives Potenzial herausforderte. Sie kocht im Krieg nach dem Prinzip des „Erinnerungs-Geschmacks" (ein Wort, das sie selbst erfunden hat), d. h., sie versucht aus „falschen" Zutaten „richtige" Mahlzeiten herzustellen; so entstehen auch die „falsche Krebssuppe", der „falsche Hase". Lenas Kochen im Krieg scheint ansatzweise eine widerständische Kraft zuzukommen; sie will sich nicht unterkriegen, vereinnahmen und gleichschalten lassen, will die Prinzipien der alltäglichen Normalität für sich und ihre kleine Welt aufrechterhalten. Ihr Lehrmeister dabei ist der Küchenchef Holzinger, „ein begnadeter Koch" (S. 52), „ein Zauberer" (S. 53), der „aus fast nichts etwas und etwas Ausgezeichnetes aus etwas" macht (S. 53). Das „Zaubern" versucht sie dann selbst beim Kochen, im Versuch, den jungen Marinesoldaten Bremer durch eine gekonnte Inszenierung lukullischer Art zu verführen; spricht sogar den Zauberspruch darüber: „Sellerie, Sellerie, Sipprisa, sipprisapprisumm" (S. 31) und schafft es, dass der hummer- und krabbenverwöhnte Seemann die Augen schließt und dann das Gemisch aus Wasser, Sellerie, Karotten, Kartoffeln, Salz und Dill „weit besser" (S. 34) findet als echte Krebssuppe. Von da an gehört das Kochen zu den wichtigen Genüssen der kleinen Endwohnung in der Brüderstraße, Kochen und Essen werden zum Vorspiel für die Liebe in der warmen Küche. Je länger Bremers „Gefangenschaft" in Lenas Wohnung dauert, desto mehr Mühe gibt Lena sich mit der Herstellung seiner Mahlzeiten („holte die Kartoffelpresse, die sie seit mehr als einem Jahr nicht mehr benutzt hatte", S. 133), kocht dann – allerdings erfolglos – gegen Bremers Geschmackverlust an. Nach dem Krieg und ihrer Entlassung aus der Kantine ist Lena wieder Ehefrau, Mutter, Großmutter. Sie kocht, putzt, wäscht. Die Lust am Kochen ist ihr vergangen wie die Lust am Essen und die Lust an der Sexualität. Das Kochen ist wieder zur lästigen Pflicht geworden wie zu Beginn ihrer Ehe. Lenas nächstes Kocherlebnis vollzieht sich bei der Entdeckung der Currywurst,

mit großer Fantasie kocht sie, würzt das Gemisch aus Tomatenketchup und Curry, „experimentiert" (S. 181) mit Gewürzen, die eigentlich gar nicht dazu passen können. Von da an kocht Lena Brücker an ihrem Kiosk, um den Lebensunterhalt für sich und ihre Kinder zu verdienen, und sie kocht wieder gerne – sie übergießt die Wurstscheiben mit einer „eleganten kurzen Bewegung, leicht und mühelos" (S. 185) –, sie plaudert und lacht mit ihren Kunden; das Kochen verhilft ihr zur (ökonomischen) Unabhängigkeit, verschafft ihr Kommunikation, Erzählungen, Freude. Sogar die alte Lena Brücker im Altersheim hat noch einen Herd („Ohne Herd is der Mensch nix wert", S. 51), nutzt ihn allerdings kaum noch. Dennoch ist es der Herd, um den sie ihren letzten Kampf kämpft; sie will nicht in die Pflegeabteilung verlegt werden, wo sie keinen Herd mehr hätte.

2 Lenas Rezept (S. 182) erscheint ein wenig raffinierter als das auf S. 26 abgedruckte. Nicht definitiv „aufzugeben", aber immerhin vorzuschlagen wäre ein Ausprobieren beider Rezepte. (Ein drittes Currywurst-„Rezept", das im Buch auf S. 164 angegeben wird, verdirbt einem eher den Appetit.) Bei Interesse der Schülerinnen und Schüler könnte auch ein „Kriegskochbuch" von Lena Brücker angefertigt werden.

3 Die „Richtlinien für das Leben unter einfachsten Verhältnissen" sollen erneut den Bezug herstellen zwischen der für Schülerinnen und Schüler doch möglicherweise auf den ersten Blick primär idyllischen Situation Lenas im Krieg, ein Blick übrigens, an dem Lena selbst dezidiert festhält („Die Zeit damals war […] das Glück", S. 155), und der extremen Notsituation, in der Lena ihr Glück in die Hand nimmt; auf dem Hintergrund der Informationen dieses Textes wird aber dieses „Glück" nicht mehr als zufälliges Finden von gustatorischem oder sexuellem Genuss, sondern als Produkt von harter Arbeit und Anstrengung, mit der Lena auf ihrer Selbstbehauptung und der Aufrechterhaltung ihres Anspruchs auf Glück und Genuss besteht, wahrgenommen werden können. Die Ausmaße der Not, die durch den Text auf der KV deutlich werden und die bis zum sog. Hungerwinter 1947 andauern, finden sich auch im Text deutlich und nicht beschönigend; Lenas leere Vorratsdosen werden von Bremer entdeckt (S. 73); so wird immer wieder auf den Eichelkaffee (und seine geschmackszerstörende Wirkung) verwiesen (z. B. S. 11); vom späteren Einbacken von Sägespänen in das Brot ist die Rede (S. 11); in der Kantine wird u. a. Steckrübensuppe gekocht (S. 129); vom „Wildgemüse" wird auf S. 112/113 berichtet; hier wird im Übrigen am Beispiel der Bezeichnung dieses Nahrungsmittels das Kriegsende auch als Wiedergewinnung (sprachlicher wie inhaltlicher) Wahrheit gekennzeichnet.

Genüsse

Essen

Patrick Süskind

Das Parfum

So lernte er sprechen. Mit Wörtern, die keinen riechenden Gegenstand bezeichneten, mit abstrakten Begriffen also, vor allem ethischer und moralischer Natur, hatte er die größten Schwierigkeiten. Er konnte sie nicht behalten, verwechselte sie,
5 verwendete sie noch als Erwachsener ungern und oft falsch: Recht, Gewissen, Gott, Freude, Verantwortung, Demut, Dankbarkeit usw. – was damit ausgedrückt sein sollte, war und blieb ihm schleierhaft.

Andrerseits hätte die gängige Sprache schon bald nicht mehr
10 ausgereicht, all jene Dinge zu bezeichnen, die er als olfaktorische Begriffe in sich versammelt hatte. Bald roch er nicht mehr bloß Holz, sondern Holzsorten, Ahornholz, Eichenholz, Kiefernholz, Ulmenholz, Birnbaumholz, altes, junges, morsches, modriges, moosiges Holz, ja sogar einzelne Holzscheite, Holz-
15 splitter und Holzbrösel – und roch sie als so deutlich unterschiedene Gegenstände, wie andre Leute sie nicht mit Augen hätten unterscheiden können. Ähnlich erging es ihm mit anderen Dingen. Daß jenes weiße Getränk, welches Madame Gaillard allmorgendlich ihren Zöglingen verabreichte, durchweg
20 als Milch bezeichnet wurde, wo es doch nach Grenouilles Empfinden jeden Morgen durchaus anders roch und schmeckte, je nachdem wie warm es war, von welcher Kuh es stammte, was diese Kuh gefressen hatte, wieviel Rahm man ihm belassen hatte und so fort […] daß Rauch, daß ein von hundert Einzeldüf-
25 ten schillerndes, minuten-, ja sekundenweis sich wandelndes und zu neuer Einheit mischendes Geruchsgebilde wie der Rauch des Feuers nur eben jenen einen Namen „Rauch" besaß […] daß Erde, Landschaft, Luft, die von Schritt zu Schritt und von Atemzug zu Atemzug von anderem Geruch erfüllt und
30 damit von andrer Identität beseelt waren, dennoch nur mit jenen drei plumpen Wörtern bezeichnet sein sollten – all diese grotesken Mißverhältnisse zwischen dem Reichtum der geruchlich wahrgenommenen Welt und der Armut der Sprache ließen den Knaben Grenouille am Sinn der Sprache überhaupt
35 zweifeln; und er bequemte sich zu ihrem Gebrauch nur, wenn es der Umgang mit anderen Menschen unbedingt erforderlich machte.

Uwe Timm

Die Entdeckung der Currywurst

Sie fischte die Scherben aus dem Ketchup. Aber das Ketchup war verdorben, es war mit dem Currypulver vermischt. Sie holte den Abfalleimer, wollte es wegschmeißen, da leckte sie gedankenverloren an den verschmierten Fingern – leckte noch-
5 mals, hellwach, und nochmals, das schmeckte, das schmeckt, so, dass sie lachen musste, scharf, aber nicht nur scharf, etwas Fruchtigfeuchtscharfes, lachte über dieses Missgeschick, diesen schönen Zufall, lachte über den schönen Fehmantel, den jetzt die schöne rotblonde Frau des Intendanturrats trug, freute
10 sich, dass sie sich den Mann länger hier in der Wohnung gehalten hatte, lachte lauthals darüber, wie sie ihren Mann hinausgesetzt und dann die Tür hinter ihm zugeschlagen hatte. Sie stellte die Pfanne auf das Gas und schüttete den vom Boden zusammengeschobenen Curry samt Ketchup hinein. Da, langsam,
15 erfüllte sich die Küche mit einem Duft, einem Duft wie aus Tausendundeiner Nacht. Sie probierte von diesem warmen rötlichbraunen Matsch und schmeckte, das schmeckte, ja, wie schmeckte das? Es war ein Kribbeln auf der Zunge, der Gaumen schien sich zu weiten, genau, das war es, was so schwer be-
20 schreibbar ist, mit bitter oder süß und schon gar nicht mit scharf, nein, der Gaumen wölbte sich, machte sich und die Zunge spürbar, ein Erstaunen, etwas, das sich auf sich selbst, auf das Schmecken richtete. Ali Baba und die vierzig Räuber, Rose von Stambul, das Paradies. Den Abend über experimentierte sie,
25 nahm kleine Proben von dem Matsch am Boden, tat etwas Pfefferminze und etwas wilden Majoran hinzu, was beides nicht so gut schmeckte, versuchte es mit etwas Vanille, was gut war, mit etwas schwarzem Pfeffer, den ihr Holzinger damals gegeben hatte, etwas von dem Rest Muskatnuss, die sie für Bremers Kar-
30 toffelbrei organisiert hatte, und etwas Anis. Sie schmeckte diesen rotbraunen Matsch ab: Genau das war die Abrundung. Dafür gab es keine Worte. Und weil sie seit dem Frühstück nichts gegessen hatte, schnipselte sie sich eine von den hautlosen Kalbsbratwürsten in die Pfanne, briet sie mit dem Curry-
35 matsch. Und was sonst nur dröge und labberig schmeckte, war fruchtigfeucht mit diesem fernen, unbeschreibbaren Geschmack. Sie saß und aß mit Genuss die erste Currywurst.

---

1 Stellen Sie sich vor, Ihr Lieblingsgericht läge, appetitlich angerichtet, vor Ihnen auf einem Teller. Beschreiben Sie es so, dass nachvollziehbar wird, warum Ihnen „das Wasser im Munde zusammenläuft".

2 Sammeln Sie Adjektive und Adverbien, die einen Geschmack bzw. einen Geruch beschreiben.

3 Untersuchen und vergleichen Sie, wie in den beiden Textausschnitten „Geruch" und „Geschmack" beschrieben werden. (Im Roman von Patrick Süskind geht es um den jungen Grenouille, der ein „Riechgenie" ist.)

Genüsse

Essen

1 Die Schülerinnen und Schüler werden beim Verfertigen ihres Textes erkennen, dass die auf den ersten Blick sehr einfache und „Genuss versprechende" Aufgabe gar nicht so leicht gelöst werden kann. Beim Besprechen der präsentierten Schülertexte sollten diese Schwierigkeiten genau benannt werden; Ergebnis sollte sein, dass für die Beschreibung optischer Eindrücke ein fast unbegrenztes Repertoire an Wörtern, auch an beschreibenden Adjektiven, zur Verfügung zu stehen scheint, während es wesentlich weniger Wörter für die Wiedergabe olfaktorischer oder gustatorischer Wahrnehmungen gibt. (Die Ursache liegt sicherlich zum einen darin, dass die optischen Wahrnehmungen ca. 83 % der menschlichen Sinneswahrnehmungen ausmachen, die akustischen immerhin noch 11 %, während olfaktorische nur zu ca. 3,5 %, haptische zu ca. 1,5 % und gustatorische gar nur zu 1 % vertreten sind; vor allem aber sind biologisch gesehen allein schon die Wahrnehmungsfähigkeiten z. B. gustatorischer Art begrenzt; sicherlich hat all dies auch Auswirkungen auf die Wortschatzrepräsentanz des jeweiligen Sinnes.)

2 Dem geht auch die zweite Aufgabe nach, wobei eine zusätzliche Schwierigkeit dadurch geschaffen werden könnte, dass allgemein urteilende Adjektive und Adverbien (etwas schmeckt oder riecht lecker, gut, schlecht usw.) ausgeschlossen werden. Sinnvoll wäre hier ein Sammeln in Arbeitsgruppen, evtl. als spielerischer Wettbewerb. Ergebnis für Geschmack: süß, salzig, sauer, bitter, fruchtig usw.; für Geruch: brenzlig, rauchig, modrig, frisch, blumig, schimmlig, erdig, würzig, streng usw. Es sollte anschließend erarbeitet werden, dass dieses sprachliche „Defizit" durch die Ausdrücke „es riecht nach" und „es schmeckt nach" kompensiert wird.

3 Der Text aus Süskinds Roman schildert eine Phase aus dem Sprechenlernen des Protagonisten: Grenouille, der über eine olfaktorische Sonderbegabung verfügt, erforscht die Welt nicht wie üblich primär mittels Auge und Ohr, sondern mit seinem Geruchssinn. Sein erstes Wort spricht er mit vier Jahren, es ist das Wort „Fisch"; allmählich erweitert sich sein Wortschatz um andere „Eigennamen konkreter Dinge". Im vorliegenden Textausschnitt ist Grenouille etwa sechs Jahre alt; geschildert werden die Präzision und Fülle seiner Wahrnehmungen. Während jedoch der Erzähler den Lesern fast euphorisch die potenziellen Genussmöglichkeiten von Weltwahrnehmung wortreich mit immer neuen Aufzählungen, Wiederholungen und modifizierenden Paraphrasierungen verdeutlicht, reagiert der Knabe selbst verhaltener, da er an der Diskrepanz zwischen „dem Reichtum der geruchlich wahrgenommenen Welt" und „der Armut der Sprache" leidet, die zu einer ihn isolierenden Sprachlo-

sigkeit führt; der erste Abschnitt des Textausschnitts weist bereits darauf hin, dass diese Sprachlosigkeit ihn nicht nur aus der menschlichen Gemeinschaft ausschließen wird, sondern ihn auch gegen diese agieren lassen wird, wie der Romaninhalt (Morde um bestimmter Düfte willen) im weiteren Verlauf deutlich bestätigt.

Nicht der Geruch, sondern der Geschmack steht im Mittelpunkt von Lena Brückers Genuss beim Entdecken der Currywurst, und auch sie erkennt: „Dafür gibt es keine Worte". Keine Traurigkeit oder Einsamkeit begleitet ihre „sprachtheoretische" Überlegung, vielmehr begleitet ein zutiefst kommunikativer, sozialer Akt ihr gustatorisches Erlebnis: „das schmeckt so, dass sie **lachen** musste". Der Erzähler tut alles, um diesen beglückenden Geschmack zu beschreiben. Ein auffallendes Mittel dazu ist das Abwerten optischer Attribute, die dem neu entdeckten Geschmackswunder zukommen: „Matsch", und „rötlichbrauner Matsch" bzw. „rotbrauner Matsch", „Currymatsch" über „hautlosen Kalbsbratwürsten". Die weiteren Mittel ähneln denen Süskinds; auch Timm arbeitet in erster Linie mit Wiederholungen, Aufzählungen und Paraphrasierungen, allerdings auf der für seinen Text typischen Basis von Alltagssprache. So dominiert ein streng paralleler Satzbau, die Sätze beginnen überwiegend mit „sie" (Anapher), gefolgt von einem einfachen Verb: „fischte", „holte", „leckte", „stellte", „probierte", „tat", „schmeckte" usw. Für den Geschmack selbst werden alle denkbaren Wörter aufgezählt, auch als Kompositia: „scharf", „fruchtigfeucht", „bitter", „süß", sogar „fruchtigfeuchtscharf". Um das Exzeptionelle ihres gustatorischen Erlebnisses zu betonen, wird in das Alltägliche von Lenas Umgebung Extravagantes, Exotisches gemischt: ein „Duft wie aus Tausendundeiner Nacht", das „Paradies". Auch die konkret angeführten Gewürze (Anis, Majoran, Muskatnuss, Pfefferminze, Vanille) lassen, wie in Aufgabe 1 gefordert, „das Wasser im Munde zusammenlaufen"; Lena Brücker ist nur noch Schmecken („ein Erstaunen, etwas, das sich auf sich selbst, das Schmecken richtete"); und auf dem Höhepunkt ihres schmeckenden Orgasmus ist sie über die Tristesse und Banalität ihres Lebens erhaben, „lacht" darüber und lacht in plötzlicher Selbsterkenntnis über versäumte Sehnsüchte (wie den Fehmantel) und über erfüllte Sehnsüchte („den Mann", den sie „in der Wohnung gehalten hatte" und „den Mann", den sie „hinausgesetzt" hat).

Herangezogen werden sollte auch die Textstelle, als erstmals Fremde die neue Kreation probieren (S. 182: „Scheußlich, sagte Moni, aber dann, nach dem ersten Bissen, ein Schmecken, dass sie sich wieder spürte") sowie die Textstelle, als Bremer seinen Geschmack wiederfindet (S. 185: „plötzlich, schmeckte er, auf seiner Zunge öffnete sich ein paradiesischer Garten").

Genüsse

Lieben

Wolfgang Mattheuer: Schwebendes Liebespaar (1970), Öl auf Leinwand 96 x 118 cm

1 Beschreiben Sie Mattheuers Gemälde und arbeiten Sie heraus, welche Liebesauffassung darin zum Ausdruck kommt.

2 Welches Motiv würden Sie für eine bildnerische Darstellung der Liebesbeziehung zwischen Lena Brücker und Bremer wählen?

3 In dem folgenden Text fehlen die Pronomen der 3. Person Singular (sowohl Personal- als auch Possessivpronomen). Fügen Sie sie ein. Welche Rollenbilder kommen zum Ausdruck?

_____ saß da, ein ängstlicher Schatten lag auf _____ Gesicht, ... _____ setzte sich neben _____ auf das Sofa, und _____ legte den

Kopf an _____ Schulter, und langsam rutschte _____ Kopf runter, und so hielt _____ .

_____ dachte, wenn _____ jetzt anfängt zu weinen, dann sagt _____ es _____ .

_____ streichelte _____ das Haar, das feine blonde Haar.

4 Vergleichen Sie Ihren Text mit einer entsprechenden Textstelle aus Timms _Entdeckung der Currywurst;_ z. B. S. 96.

5 Würden Sie die Beziehung zwischen Lena Brücker und Bremer als Liebesbeziehung bezeichnen?

Foto: akg-images/© VG Bild-Kunst, Bonn 2006

Genüsse

Lieben

1 Wolfgang Mattheuer (1927–2004), ein der „Leipziger Schule" zugerechneter und in der DDR bereits seit ca. 1970 bekannter Künstler, erfuhr im Westen seit seiner Teilnahme an der documenta 1977 in Kassel eine breitere Aufmerksamkeit. Das Gemälde *Schwebendes Liebespaar* gehört zu seinen bekanntesten Arbeiten. Soll das Gemälde farbig betrachtet werden, ist das in Schwerin befindliche Bild leicht unter http://schwerin.com/kultur/pop.html aufzufinden. Die Natur erscheint in realistischen Farben – beigefarbener Sand, blaues Meer, hellerer Himmel; die Kleiderfarben sind beige-orange bei der Frau, rötlich bei dem Mann, beider Haare sind bräunlich, die Körperfarbe gräulich-bräunlich. Die Liebenden scheinen in einem fahlen Sonnenlicht am Meer zu schweben, in ihrer Liebe der Realität entrückt zu sein. Dieses Entrücktsein ist ein inhaltliches; erstaunlich angesichts der vordergründig realistisch gemalten Figuren und der sie umgebenden Natur. Es zeigt sich nicht nur in der Schwerelosigkeit, mit der sie sich über die Welt erheben können, in den geschlossenen Augen, die zu suggerieren scheinen, dass die Wirklichkeit ihrer Liebe in ihnen selbst liegt, nicht in der Außenwelt, wie romantisch auch die Attribute sind, die sie ihnen zur Verfügung zu stellen scheint; es zeigt sich aber auch in der letztlich befremdenden Tatsache, dass auf dem Strand kein einziger Gegenstand zu finden ist, durch den sie an eine mögliche Alltagswelt gebunden werden könnten. So ist die Liebe von äußerster und radikaler Romantik: Heimat, Welt, Realität ist nur in dem/der Geliebten zu finden, Liebe kann sich nur in diesem seelischen Innenraum vollziehen.

2 Über die reale Außenwelt um Lena Brücker und Bremer wissen die Schülerinnen und Schüler viel; das Bild Mattheuers kann sie dazu anregen, sich Bilder und Metaphern für die Innenwelt, in der ihre Liebe realisiert wird, auszudenken. Der Text selbst macht ihnen dabei deutliche Angebote (Inselidylle, Floß, Festung usw.); vorgeschlagen wird eine Analyse der Textstelle, an der Lena und Bremer erstmals die Matratzen aus dem Ehebett in die warme Küche tragen (S. 85: „Es war das erste Mal […]" bis „Matratzenfloß"). In semantischer Hinsicht lassen sich die auffallendsten Wörter der Textstelle vier Bereichen zuordnen, die an der Tafel gesammelt werden könnten:

Tafelbild

Wasser/Floß	Festung	Wärme/Bett	Küche
schlingernd	Unterlage	warm	Küchenschrank
quietschende Tiefe	legen	Ehebett	Besen
versinken	schieben	Federbett	Schrubber
Insel	verrammeln	Matratzen	Stühle
driften	abstützen	Wolldecke	
Floß	Konstruktion	Federbett	
maritimer Blick		Kopfkeile	
treiben … lassen			
Matratzenfloß			

3 Die Schülerinnen und Schüler werden mit Hilfe dieser Aufgabe erkennen können, dass in der Beziehung zwischen Lena Brücker und Bremer traditionelle Rollenbilder auf den Kopf gestellt werden; in der vorgelegten Textstelle (die mit leichten Modifizierungen der S. 96 entnommen ist), werden sie vermutlich einem „Er" die schützende und einer „Sie" die beschützte Rolle zuweisen.

4 In der *Entdeckung der Currywurst* werden Lena alle Attribute zugewiesen, die normalerweise einem Mann zugeschrieben werden: Sie ist die Ernährerin, sie ist es, die arbeiten geht und dort Erfahrungen macht und Neuigkeiten erfährt, sie beschützt Bremer, ist die Aktive (sogar beim Bau des Matratzenfloßes), bei ihrem Kampf ist sie stärker als er (S. 131); er hingegen wirkt schwach und hilflos; zunächst scheint er die Rolle einer *Hausfrau* zu übernehmen (er putzt die Wohnung, bringt den Haushalt in Ordnung), scheint sich verwöhnen zu lassen; später wird er immer mehr zum Kind (er „spielt Krieg" auf seinem Schulatlas; er wird gemästet wie Hänsel in dem Märchen *Hänsel und Gretel*.

5 Es wird den Schülerinnen und Schülern vielleicht schwerfallen, ihren (vermutlich romantischen) Begriff von Liebe auf die Beziehung zwischen Lena und Bremer anzuwenden, eine Beziehung, in der beide etwas voneinander „haben", auch „haben wollen"; dennoch sollte erarbeitet werden, dass in der Beziehung viel emotionale Intensität steckt, dass dabei auch Interessen und Kalkül eine Rolle spielen, mindert – zumal in Ausnahmesituationen wie der vorgeführten – diese Intensität in keiner Weise.

Genüsse

Erzählen

Louis Katzenstein: Die Brüder Grimm bei der Märchenfrau

Die Frau Viehmännin war noch rüstig und nicht viel über fünfzig Jahre alt. Ihre Gesichtszüge hatten etwas Festes, Verständiges und Angenehmes, und aus großen Augen blickte sie hell und scharf. Sie bewahrte die alten Sagen fest im Gedächtnis und sagte wohl selbst, dass diese Gabe nicht jedem verliehen sei und mancher gar nichts im Zusammenhange behalten könne. Dabei erzählte sie bedächtig, sicher und ungemein lebendig, mit eigenem Wohlgefallen daran, erst ganz frei, dann, wenn man es wollte, noch einmal langsam, sodass man ihr mit einiger Übung nachschreiben konnte.

Kinder- und Hausmärchen
der Brüder Grimm, S. 26

Scheherezade erzählt dem König ihre Geschichten

Den König entzückte die wunderbare Geschichte Djaudars sehr und er sagte daher zu seiner Gattin: „O Schehersad, erzähle mir nun auch einige Parabeln von den Vögeln und Tieren." Schehersad erwiderte: „Recht gern, großer König!" und begann […]

Tausendundeine Nacht, S. 402

1 Lena als Erzählerin: Stellen Sie Textstellen zusammen, in denen deutlich wird, dass Lena Freude am Erzählen hat.

2 Vergleichen Sie die Situation der im Altersheim erzählenden Lena mit der Situation der (realen) Märchenerzählerin Dorothea Viehmann und der (fiktiven) Märchenerzählerin Scheherezade.

3 Lenas Genussfähigkeit:
Untersuchen Sie, was Lena in den verschiedenen Phasen ihres Lebens jeweils am meisten Freude bereitet.

Genüsse

Erzählen

1 Die wichtigsten Textstellen sind:
- S. 8: Lena Brücker wird vom Ich-Erzähler als alte Frau beim Zubereiten von Currywürsten und Pommes frites eingeführt, während sie gleichzeitig „erzählte, wer inzwischen alles aus dem Viertel weggezogen und wer gestorben sei".
- S. 10: Auch in der Kindheitserinnerung des Ich-Erzählers an Lena Brücker ist Lena Erzählerin, die durch ihre Küchenberichte das Schicksal kleiner Leute in der Nachkriegszeit („Sie erzählt von den Schwarzmarkthändlern, Schauerleuten, Seeleuten, den kleinen und großen Ganoven, den Nutten und Zuhältern […]") als erzählenswert bewahrt.
- S. 98 ff.: Vor allem in ihrer Beziehung zu Bremer spielt das Erzählen eine große Rolle und ist eindeutig – gleichwertig mit der gelingenden Sexualität – als Genussmittel kategorisierbar („Sie lagen auf diesem Matratzenfloß […] und sie erzählte von ihrem Mann, dem Gary […]"; „Für mich wars schön, zu reden, über die Zeit davor. Er hörte zu", S. 102).
- Lena im Altersheim

2 Durch die Arbeitsanregung 2 wird Lena in die Tradition großer Erzählerinnen gestellt. Die „Frau Viehmännin", der die Brüder Grimm viele der bekanntesten und schönsten Märchen ihrer Märchensammlung verdanken, erzählt auf dem Gemälde von Louis Katzenstein ihren Besuchern in ihrer eigenen Welt, der Küche ihres Bauernhauses (vgl. S. 10: der Küchenraum als Domäne oralen Erzählens). Gleichzeitig mit den beiden Gelehrten, die in ihrer Kleidung und ihrem Habitus eher wie ein Fremdkörper wirken, halten sich Familienmitglieder, Enkel wahrscheinlich, in dem Raum auf, hören zu oder gehen ungehindert anderen Tätigkeiten nach. Auch die verschiedenen Haustiere, die auf dem Bildvordergrund zu sehen sind, werden die Konzentration der Brüder Grimm beeinträchtigen, die deswegen ganz auf „die Viehmännin" fokussiert sind, der eine nur zuhörend, der andere mitschreibend. Diese scheint gerade an einer entscheidenden Stelle ihrer Erzählung angekommen zu sein, sodass sie sogar ihre Handarbeit unterbricht, um dem Erzählten die gebührende Achtung zu erweisen. Der Text der Brüder Grimm weist sie als sehr bewusste Erzählerin aus; auch ein gewisser Stolz über ihr Erzähltalent sowie ihr Genuss an den Fäden, die sie spinnt („mit eigenem Wohlgefallen"), sind erkennbar. Die Erzählsituation gleicht in manchem der Lenas im Altersheim, sowohl was die Äußerlichkeiten der Konstellation (Besucher von außen, soziale Differenz, Altersdifferenz u. a.) als auch was den Erzählvorgang selbst betrifft (sowohl K. Viehmann als auch Lena Brücker bestimmen Auswahl, Fortgang und Tempo des Erzählens; Erzählfreude).

Die Erzählsituation Scheherezades, der begnadeten Erzählerin aus *Tausendundeiner Nacht*, ist von realer Lebensgefahr geprägt: Sultan Scheherban, nach negativen Erfahrungen überzeugt von der prinzipiellen Treulosigkeit der Frauen, lässt jede Nacht eine andere junge Frau zu sich kommen, um sie am Morgen töten zu lassen. Die junge, schöne und gebildete Scheherezade lässt sich dem Sultan freiwillig zuführen, um das Leben vieler Frauen zu retten. Sie verführt ihn durch ihre Schönheit, aber ihre Klugheit zählt gleichviel: Sie erzählt buchstäblich „um ihr Leben"; in jeder Nacht beginnt sie eine Erzählung, die bei Morgengrauen noch nicht zu Ende erzählt ist, sodass der Sultan, begierig der Fortsetzung, sie verschont. Erst nach tausendundeiner Nacht und tausendundeiner Geschichte – Scheherezade hat dem Sultan mittlerweile drei Söhne geboren – erkennt der Sultan, dass er sie liebt; sie hat sich ihr Leben und ihre Liebe erzählend erobert. Der kurze Textausschnitt zeigt die Begierde des Sultans nach den Erzählungen Scheherezades; sicherlich werden die Schülerinnen und Schüler die Parallelität der „sieben Nachmittage", die Lena durch ihr geschicktes Erzählen den Ich-Erzähler ins Altersheim zu locken vermag, zu den tausendundeinen Nächten, in denen Scheherezade erzählt, erkennen; deutlich sollte bei diesem Vergleich werden, dass es dabei nicht um eine Travestie der literarischen Vorlage, sondern eher um eine spielerisch-liebevolle Behauptung des Rangs und Werts der Alltäglichkeit geht.

3 Wenn man die KV zum Thema „Genüsse" zusammenfassend auswertet, wird deutlich, dass Lena insgesamt den ganzen Text hindurch eine große Genussfähigkeit zugeschrieben wird, z. B. expressis verbis auch der alten Frau im Altersheim (S. 82). Dabei kann herausgestellt werden, dass und wie in jeder Lebensphase ein anderer „Sinn" im Mittelpunkt steht; so im Umgang mit Bremer eher olfaktorische, gustatorische und haptische (durch die häufige Referenz der Hände Bremers) Empfindungen, im Umgang mit dem Ich-Erzähler dann eher auditive (bei einer blinden Frau nachvollziehbar) und (nicht mehr reale) visuelle Wahrnehmungen (Farben des Pullovers).

Erzählen

Lena Brücker und der Ich-Erzähler

Uwe Timm

Doch, sagte sie, stimmt, will mir hier aber keiner glauben. Die haben nur gelacht, als ich das erzählte. Haben gesagt, ich spinne. Jetzt geh ich nur noch selten runter. Ja, sagte sie, ich hab die Currywurst entdeckt.
Und wie?
Is ne lange Geschichte, sagte sie. Musste schon n bisschen Zeit haben.
Hab ich.
Vielleicht, sagte sie, kannste nächstes Mal n Stück Torte mitbringen. Ich mach uns n Kaffee. (S. 15)

Innere Schieflage, sagte Holzinger, der, wenngleich Wiener, nie Freud gelesen hatte. Eine Schwerblütigkeit, die vom Herzen kommt.
Und was ist dagegen zu tun?
5 Basilikum. Haben wir nicht. Noch besser Ingwer, ein Gewürz gegen die Schwermut. Haben wir erst recht nicht. Oder Koriander.
Ah, die Currywurst, fragte ich, nicht?
Frau Brücker hörte auf zu stricken, sah mich an und sagte
10 ziemlich scharf: Wenn du es weißt, na dann erzähl mal.
Captain Friedländer, sagte ich.
Was is mit dem?

Sie haben Captain Friedländer nach dem Curry gefragt.
Nee, so einfach gehts nur in Romanen zu. Wär das so gewesen, wie du denkst, hättest du nie ne Currywurst essen können. 15
Hätte Friedländer Curry gehabt, hätt ich allenfalls Curryreis gemacht. Aber nie und nimmer ne Wurst. Würste gabs nämlich gar nicht. Außerdem, Curry hatten die Engländer damals auch nicht. Nachschub lief ja erst langsam an.
Und Friedländer sagte: Curry ist ein grässliches Zeug. So ne 20
Art indischer Maggi; Königsberger Klopse, die mochte der.
Siehste, sagte sie, zählte die Maschen. Ich wartete. Warste auf ner ganz falschen Fährte. Musst schon noch n büschen Geduld haben. (S. 81)

Ich versuchte, sie auf den Curry zurückzubringen. Hat Bremer denn das Rezept entdeckt?
Bremer, wieso? Weil er gefragt hat. Was? Na, wegen des Currys. Ach so. Nee. Das mit der Currywurst war n Zufall, nix
5 weiter. Ich bin gestolpert. Dabei ist es passiert. War n einziger Matsch.
Hatten Sie denn damals Curry zu Hause?

Natürlich nicht. Heute wird ja alles Mögliche aus allen Himmelsrichtungen gekocht und gegessen, Spaghetti, Tortellini, Nasi Goreng und wie das Zeug alles noch heißt. Hier kochen 10
sie zum Beispiel Currygeschnetzeltes. Truthahn mit Curry. Schmeckt mir am besten. Machen sie aber nur alle vierzehn Tage. Leider. (S. 136)

Von da an hatte sie ihre Ruhe, allerdings auch zwei Kinder zu versorgen. Denn Edith, ihre Tochter, hatte noch keine Arbeit. Und dann war da noch der kleine Heinz. Der Vater von Heinz, Ediths Freund, ein Pionierleutnant, blieb vermisst,
5 nicht in Russland, sondern in Brandenburg. Verrückt, nicht?

Ich musste sie von Edith und dem vermissten Pionierleutnant ab- und wieder hinbringen zur Currywurst. Ich sagte, draußen geht ein leichter Westwind, strichweise mit Regen. Wollen wir zum Großneumarkt fahren? Wir könnten eine 10
Currywurst essen? (S. 159)

1 Beschreiben Sie die Beziehung zwischen Lena und dem Ich-Erzähler.

2 Untersuchen Sie das „Erzählinteresse" Lenas und das „Erfahrinteresse" des Ich-Erzählers in den vier Textausschnitten.

3 Wie ist Lenas Erzählen beschaffen und wie organisiert der Ich-Erzähler später seinen Bericht?

4 Vergleichen Sie Lenas Erzählweise mit ihrer Stricktechnik.

Erzählen

Lena Brücker und der Ich-Erzähler

1 Lena Brücker und der Ich-Erzähler kennen sich seit dessen Kindheit, da sie zum einen in Nachbarschaft zu seiner Tante in der Brüderstraße gelebt hat und da zum andern sein Vater den Fehmantel herstellte, der einen der Grundstöcke für Lenas komplexes Tauschgeschäft darstellt. Der Ich-Erzähler erinnert sich an Lena Brücker und ihren Currywurst-Stand, aber auch an Lenas Erzählungen in der Küche seiner Tante oder ihr Verhalten beim Anprobieren des Fellmantels im Keller seines Vaters. Auch später, als der Ich-Erzähler längst nicht mehr in Hamburg wohnt, pflegt er bei seinen Besuchen in Hamburg stets einen Abstecher zu Lena Brücker zu machen und an ihrem Stand eine Currywurst zu essen, wobei es immer zu einem kleinen Gespräch mit einer ritualisierten Abfolge kommt. Nachdem sie ihren Stand geschlossen hat, verliert der Ich-Erzähler sie aus den Augen, will jedoch irgendwann wissen, ob die von ihm sorgfältig gehegte und häufig in geselliger Runde verteidigte Kindheitserinnerung, dass die Currywurst von Lena Brücker entdeckt worden sei, zutrifft und auch beweisbar ist. Deswegen stellt er Nachforschungen an und findet Lena Brücker schließlich im trostlosen Ambiente eines Altersheims. Auch sie erinnert sich an den Ich-Erzähler als den Neffen ihrer Nachbarin Hilde und als Kunden an ihrem Imbissstand. Ihre unterschiedlichen Anredeformen (er siezt sie, sie duzt ihn) spiegeln noch die Kommunikationsstrukturen der Kindheit des Ich-Erzählers wider.

2 In den Textstellen zeigt sich, dass Lena und der Ich-Erzähler völlig unterschiedliche Interessen an den Gesprächen haben, die sich an sieben Nachmittagen zwischen ihnen entfalten. Der Ich-Erzähler möchte lediglich alles über die Entdeckung der Currywurst wissen, an Lena selbst, ihrer tristen und isolierten Existenz im Altersheim sowie an ihrer Lebensgeschichte im Ganzen scheint er (zunächst) weniger interessiert. Lena wiederum möchte zum einen keinen einmaligen Besuch, sondern wiederholte kommunikative Kontakte, zum andern aber möchte sie ihr Leben nicht auf eine einzige Begebenheit reduziert wissen und nutzt die sich ihr bietende Gelegenheit zur umfassenden Erinnerung und Reflexion einer entscheidenden Phase ihres Lebens, die mit dieser Begebenheit zusammenhängt. Diese unterschiedlichen Kommunikationsinteressen bilden unterschiedliche Kommunikationsstrategien aus; so wendet Lena durchaus Scheherezade-Techniken an, d. h., sie macht den Ich-Erzähler neugierig, verleitet ihn zum Wiederkommen, stellt ihm durch gelegentliche Andeutungen aber stets in Aussicht, dass sein Kommunikationsziel erreichbar ist. Er hingegen drängt Lena auf sein Ziel hin; immer wieder fragt er nach, unterbricht er sie, zeigt Zeichen von (fast schon beleidigender) Ungeduld.

3 Die Unterschiedlichkeit der Erzählweisen in Lenas mündlicher Erzählung und in dem später vom Ich-Erzähler verfassten Text könnten in einem Tafelbild festgehalten werden:

Tafelbild

Lena	Ich-Erzähler
– erzählt ausführlich	– strukturiert
– erzählt assoziativ und unstrukturiert	– erzählt auf ein Ziel hin
– erzählt emotional	– ergänzt das Gehörte durch Ergebnisse eigener Recherchen
– bestimmt Themen ihrer Erzählung	– behauptet seine Autorenschaft gegenüber Lena
– bestimmt, was sie verschweigen will	("Ich lasse die Geschichte [...] beginnen")
– bestimmt Dauer ihrer Erzählung	– lässt das Erzählte durch seine Außensicht objektiv
– bestimmt Anordnung ihrer Erzählung	erscheinen
– nimmt sich das Recht auf Ausschmückungen, Abschweifungen, Hinauszögern, Vor- und Rückblenden	– ordnet und erläutert Lenas Geschichte
	– wählt aus, begradigt, verknüpft, kürzt (S. 16)

4 Lenas Stricken gleicht ihrem Erzählen, was vom Ich-Erzähler ja auch an verschiedenen Textstellen eindeutig herausgestellt wird, so z. B. S. 15 f. oder S. 96 f. Sie arbeitet mit verschiedenen (Woll- bzw. Erzähl-)Fäden, „ohne jede Hast, aber auch ohne zu stocken", tastet sich heran, manchmal auch zielgenau; wenn sie beispielsweise auf S. 97 fragt „Kannste den Horizont sehn?", lässt sich diese Frage nicht nur auf den wolkenlosen Himmel des Pulloverhimmels beziehen, sondern deutet genüsslich an, dass sie um seinen von ihr hintertriebenen Kampf um den Horizont der Pointe weiß.

Erzählen

Perspektiven, Strukturen, Techniken

auktorial erzählen	aus der Sicht einer (oder mehrerer) Figuren erzählen; nur diese Sichtweise wird bekannt	*Dreißig Jahre kein Urlaub, keinen Tag gefehlt. Auch im Schneetreiben Würste gebraten, Bier verkauft, Gurken auf den Pappteller gelegt [...] (S. 160)*
personal erzählen	(monoperspektivisch) in der 1. Pers. Sing. erzählen, wobei das (erneute) Erleben des Erinnerten überwiegt	*Kannste den Horizont sehn? Ja, sagte ich. (S. 97)*
eine Rahmenerzählung gestalten	die erzählte Zeit ist länger als die Erzählzeit	*Sonderbar, dachte Bremer und steckte den Brief zurück, zögerte, ob er einen andren Brief lesen sollte [...] (S. 76)*
als erlebender Ich-Erzähler auftreten	die Erzählanteile über dialogische Anteile der Figuren vorherrschen lassen	*Es war ein Kribbeln auf der Zunge, der Gaumen schien sich zu weiten, genau, das war es, was so schwer be-schreibbar ist, mit bitter oder süß und schon gar nicht mit scharf, nein, der Gaumen wölbte sich [...] (S. 181)*
als reflektierender Ich-Erzähler auftreten	eine Erzählerfigur erzählen lassen, die das gesamte Geschehen und die Sichtweisen aller Figuren überblickt und kommentieren kann	*Der Captain war kurz vor Kriegsausbruch geflohn, hatte nur eine Aktentasche bei sich gehabt [...] (S. 116)*
in Form der erlebten Rede erzählen	so konsequent in der 3. Pers. Sing. erzählen, dass man meint, direkt in die Gedanken der betreffenden Person versetzt zu sein	*Ist vielleicht das Beste, was ich gemacht habe, einen verstecken, damit er nicht totgeschossen wird und auch andere nicht totschießen kann. (S. 103)*
szenisch erzählen	die erzählte Zeit ist kürzer als die Erzählzeit	*Den Rock hatte sie für dieses Frühjahr etwas gekürzt. Ihre Beine konnten sich sehen lassen, noch, wie sie dachte [...] (S. 18)*
berichtend erzählen	den Dialogen der Figuren Vorrang vor der Erzählerrede geben	*Ich lasse die Geschichte am 29. April 1945, an einem Sonntag beginnen. (S. 16)*
eine Binnenerzählung gestalten	eine Erzählsituation aufbauen, innerhalb derer etwas anderes erzählt wird	*Das alles müsste ihm jetzt wie eine hundsgemeine Lüge erscheinen, als habe sie ihn hintergehen, wie ein Haustier halten, sich über ihn lustig machen wollen [...] (S. 131 f.)*
raffend mit der Zeit umgehen	(monoperspektivisch) in der 1. Pers. Sing. erzählen, wobei das Nachdenken über das Erzählte im Vordergrund steht	*Die meisten bezweifelten, dass die Currywurst erfunden worden ist. Und dann noch von einer bestimmten Person? (S. 9)*
dehnend mit der Zeit umgehen	etwas berichten, das in einen Rahmen gebettet ist	*Musste dann immer unwillkürlich an meinen Jürgen denken und sagte mir, hoffentlich geht's dem Jungen gut. (S. 117)*

1 Finden Sie heraus, welche drei Kästchen quer durch die Spalten zusammengehören. Verbinden Sie sie miteinander.
2 Schlagen Sie die Zitate nach und lesen Sie sie im Kontext.

Erzählen

Perspektiven, Strukturen, Techniken

Es ist davon auszugehen, dass die Schülerinnen und Schüler in der Sekundarstufe II mit Grundbegriffen der Textanalyse mehr oder weniger vertraut sind; die KV dient somit vor allem der Wiederholung von Fachbegriffen; gleichzeitig aber wird den Schülerinnen und Schülern deutlich, wie bewusst – trotz der leichten Lesbarkeit und von daher vermeintlichen Einfachheit des Textes *Die Entdeckung der Currywurst* – der Autor gestalterische Mittel einsetzt, wie er geradezu mit ihnen spielt.

1 Die Zuordnung ist, wenn man die Kästchen jeder Spalte durchnummeriert, folgende:

1 – 5 – 3	5 – 10 – 6	9 – 11 – 8
2 – 1 – 7	6 – 6 – 9	10 – 3 – 1
3 – 9 – 10	7 – 8 – 2	11 – 7 – 4
4 – 2 – 11	8 – 4 – 5	

2 Um nach der Zuordnung weiterzuarbeiten, bieten sich zwei Verfahren an:

Festigen der Analysefähigkeit

Die Schülerinnen und Schüler suchen eigenständig weitere Textzitate, die sie sich gegenseitig zum Bestimmen nennen.

Problematisieren

Die Schülerinnen und Schüler analysieren einige Textstellen genauer, um das souveräne Spiel Timms mit tradierten Erzählformen in seiner Funktion für die Leserinnen und Leser zu begreifen. Diese Textstellen sollten vor allem folgende Aspekte verdeutlichen:

– Das (häufige) Wechseln der Erzählebenen, d. h. vor allem der Rahmen- und der Binnenhandlung. Die Rahmenhandlung umfasst ca. eine Woche des Jahres 1988, die Zeit der Besuche des Ich-Erzählers bei Lena Brücker im Altersheim, und handelt von dem Bemühen des Ich-Erzählers, etwas über die Entdeckung der Currywurst zu erfahren. Sein Interesse daran begründet er auch mit Kindheitserlebnissen, sodass er nicht als völlig unbeteiligter Berichterstatter auftritt. Die Binnenhandlung umfasst ca. ein Jahr ab dem 29. 4. 1945, schwerpunktmäßig die drei Wochen, die Lena Brückers Affäre mit Hermann Bremer gedauert hat, sowie ihre Erlebnisse vor und nach dieser Affäre bis zum Betreiben des Imbissstandes. Dieser Imbissstand wiederum ist ein Ort, an dem Lena und der Ich-Erzähler durch Jahre hindurch Kontakt hatten. Durch den häufigen Wechsel der Erzählebenen wird verhindert, dass Lena (und mit ihr sich identifizierend die Leserin oder der Leser) sich ihrer Geschichte ungebro-

chen hingeben kann, entsteht ein Zwang zum reflexiven Sich-Eindenken in das Geschehen, das im Gespräch zwischen Lena und dem Ich-Erzähler schrittweise rekonstruiert wird, und gleichzeitig in die kommunikativen Strukturen und Regeln, denen diese Rekonstruktion gehorcht.

– Das (häufige) Wechseln der Erzählperspektive. Hier sind vor allem Textstellen zu untersuchen, in denen Lena Brücker erzählt und in denen der Ich-Erzähler in der Darstellung von der 1. in die 3. Person Singular oder umgekehrt wechselt, Figurenrede und Erzählerrede sich also durchdringen. Ein gutes Beispiel wäre z. B. S. 84 („Sie starrte das Foto an […] Ich hab mich gefragt: Warum betrügt man so eine hübsche Frau?") oder S. 97 („Also, nächsten Tag bat Bremer mich, hinunterzugehen […] Ob ich nicht ne Radioröhre auftreiben kann […] Aber sie ging runter, auf die Straße […]"). Eine besonders interessante Frage dürfte in diesem Zusammenhang die Darstellung Bremers sein, bei der der Ich-Erzähler zunehmend in die Rolle eines auktorialen Erzählers schlüpft, z. B. in den Textpassagen, in denen Bremer in Lenas Schränken stöbert, da nicht anzunehmen ist, dass Bremer Lena und in der Folge davon Lena dem Ich-Erzähler davon erzählt hat. Hier entwickelt der Erzähler anteilnehmende Fantasie, macht deutlich, dass er Miterzähler, wenn nicht sogar Autor der Gesamterzählung ist.

– Das Spiel mit Fiktion und Realität. Durch die unterschiedlichen Erzählstrategien, beispielsweise auch durch die Anreicherung des Erzählten mit Realitätsbruchstücken wie das Zitieren von Zeitungen, von Protokollen im Stadtarchiv (S. 120), hält der Autor auch in der Schwebe, ob er von einem „wirklichen" Geschehen berichtet (dann wäre eine Parallelsetzung zwischen ihm und dem Ich-Erzähler gestattet) oder ob er einfach realistisch eine Geschichte erzählt, wie sie sich hätte ereignen können, eben im „wunderbaren Konjunktiv" (KV 19).

Erzählen

Gattungen

Literaturlexikon

Epos (griech. = Wort, Erzählung, Lied, Gedicht) ist die früheste erzählende Großform [...]. Als breit angelegte Verserzählung ist das Epos durch seine gehobene, rhythmisch oder metrisch gebundene Sprache (z. B. Hexameter, Alexandriner, Blankvers), die feste Gliederung in Strophen und die Einteilung in Gesänge, Bücher oder Aventiuren gekennzeichnet. Die Geschichte des im Mittelpunkt stehenden Helden wird in epischer Breite und durch ständiges Wiederholen der zentralen Motive ausgeführt. [...]   (S. 118)

Erzählung heißt im weiteren Sinne jede Form von mündlicher [...] oder schriftlicher Darstellung zurückliegender Geschehnisse. Dabei kann es sich um tatsächliche oder auch fiktive Ereignisse handeln. Mit dieser Art direkter oder vermittelter Weitergabe von Erfahrenem steckt im „Erzählen" eine uralte Grunderfahrung des Menschen. Im engeren Sinne bezeichnet Erzählung eine epische Kurzform, deren Merkmale sich vornehmlich durch Abgrenzung von anderen Untergattungen erschließen. Vom Epos und vom Roman unterscheidet sich die Erzählung durch den geringeren Umfang, die knappere Ausstattung mit Personen, den nicht so weit gespannten Handlungsrahmen und das Fehlen komplexer Ideengebäude. Umgekehrt entwickelt sie deutlich ausführlicher als Skizze und Anekdote die geschilderten Handlungsabläufe. Auch zu den insgesamt poetologisch näherliegenden Untergattungen Novelle und Kurzgeschichte gibt es merkliche Unterschiede: Die Erzählung kommt ohne deren strenge Komposition aus, ist also freier in der Anlage und der Umsetzung des Erzählten. Von Märchen, Legende und Sage hebt sich die Erzählung dadurch ab, dass sie meist einen realen Hintergrund hat und so auf fantastische oder wirklichkeitsferne Bezüge verzichten kann. [...]   (S. 124 f.)

Kurzgeschichte ist eine Lehnübersetzung des englischen Begriffs Shortstory. In der angloamerikanischen Literatur verstand man darunter zunächst die Gattung der Novelle. Der Amerikaner Poe entwickelte daraus 1839 eine neue Form des Erzählens, in der eine einzelne Episode mit wenigen oder auch nur einer einzigen handelnden Person in knapper Form erzählt wird. Der Schluss kommt oft unerwartet, auch gibt es keine Rahmenhandlung. Gegenüber der Shortstory sind Kurzgeschichten formal und umfangmäßig stärker eingegrenzt. [...]   (S. 219)

Märchen (Verkleinerungsform von mhd.: maere = Erzählung, Geschichte, Bericht) ist ein von den Brüdern Jakob und Wilhelm Grimm stammender und auch in andere Sprachen übernommener Begriff für fantastisch-wunderbare Erzählungen. Als Erzähltypus wird das Märchen u. a. neben Legende, Sage und Mythos zu den einfachen Formen gezählt; vom Mythos lässt es sich durch das Fehlen der Göttersphäre abgrenzen, von der Sage durch fehlende historische und geografische Bezüge, von der Legende durch das Aussparen der religiösen Dimension. [...]. Die beiden Hauptformen des Märchens sind Volksmärchen und Kunstmärchen. Die im Volksmärchen sichtbar werdende Weltordnung ist denkbar einfach: Aus dem totalen Gegensatz der Eigenschaften der handelnden Personen (gut – böse, schön – hässlich, tapfer – feige, dumm – schlau) erwachsen Konflikte. Diese finden eine glückliche Lösung, die dem Wunschdenken von Erzähler und Zuhörer entspricht, da sie im Unterschied zu den tatsächlichen Erfahrungen mit der sozialen Umwelt das Walten einer ausgleichenden Gerechtigkeit zeigen. [...]   (S. 249 f.)

Novelle (ital.: novella = kleine Neuigkeit, zu lat.: novus, novellus = neu) gehört zu den epischen Klein- und Kurzformen [...], im Gegensatz zu Großformen wie Epos und Roman.
Wie der Name bereits sagt, erzählt die Novelle zielgerichtet und in straffer Form „Neuigkeiten" von einem unserer Erfahrungswelt entnommenen bzw. einem möglichen Ereignis. Im Mittelpunkt der dort geschilderten Handlung steht meist ein Konflikt, an dem sich immer auch gegensätzliche Positionen entzünden und damit einen Ausgleich zwischen Neuartigem und Bestehendem, Außergewöhnlichem und Gewohntem einfordern.

Um die oft einlinige Handlung im Hinblick auf die angestrebte Konfliktlösung voranzutreiben, gehorcht die Novelle ganz eigenen formalen Gesetzen. Das Herausstellen von Höhe- und Wendepunkten dient dabei ebenso der Leserlenkung wie erzählerische Vorausdeutungen, die Leitmotivtechnik oder die Verwendung von Dingsymbolen. Das sind stets wiederkehrende, die Handlung bestimmende und vorantreibende Motive wie die „Buche" in Droste-Hülshoffs Novelle *Die Judenbuche*. Sehr beliebt ist auch die Distanz schaffende Rahmenerzählung. [...]   (S. 274)

Roman ist eine Großgattung der Erzähldichtung [...], die sich durch die Prosaform vom Epos oder dem Versroman, durch ihren Umfang und die komplexe Gestaltung der Handlung von epischen Kleinformen wie Novelle, Erzählung oder Kurzgeschichte unterscheidet. Der Begriff kommt aus Frankreich, wo man im 12. Jh. den im gelehrten Latein verfassten Schriften („lingua latina") die in der Volkssprache der „lingua romana" geschriebenen Texte entgegensetzte. Später bezeichnete das Wort Roman jegliche Art von Prosaschriften im Gegensatz zu Versdichtungen. [...]

Man kann den Roman als eine Weiterentwicklung des Epos in Prosa bezeichnen. Allerdings gibt es im Roman keine mythische Verankerung des Geschehens mehr, auch fehlt die einseitige Typisierung des Helden. Kennzeichnend ist vielmehr, dass die handelnden Personen – vorzüglich natürlich der Held – individuelle Charakterzüge annehmen und die Möglichkeit zur Persönlichkeitsentwicklung haben. War der Held im Epos noch eingebunden in unverrückbare Ordnungsmuster und in eine überschaubare Welt, so sieht sich der Roman-Held – vor allem in der Moderne – mit einer komplexen und sich stetig wandelnden Wirklichkeit konfrontiert. [...]   (S. 306)

1 Visualisieren Sie den Zusammenhang zwischen den sechs Lexikoneinträgen.

2 Stellen Sie für jede Gattung die drei wichtigsten Merkmale zusammen,

3 Überprüfen Sie, welche dieser Merkmale auf *Die Entdeckung der Currywurst* zutreffen.

Erzählen

Gattungen

Auch diese KV soll auf einer ersten Ebene die Kenntnisse der Schülerinnen und Schüler reaktivieren, um sie dann in einem zweiten Schritt auf *Die Entdeckung der Currywurst* anzuwenden. Methodisch könnte hier bei der ersten Aufgabe in Form einer Gruppenarbeit vorgegangen werden; die einzelnen Gruppen könnten ihre Visualisierungsversuche vortragen; bei der zweiten Aufgabe könnte die Gruppenarbeit – dieses Mal arbeitsteilig – fortgesetzt werden; die Merkmale, auf die sich die Gruppe jeweils geeinigt hat, sollten dann auf einem Plakat notiert und der Gesamtgruppe präsentiert werden.

1 Die Visualisierung könnte folgendermaßen aussehen:

Tafelbild

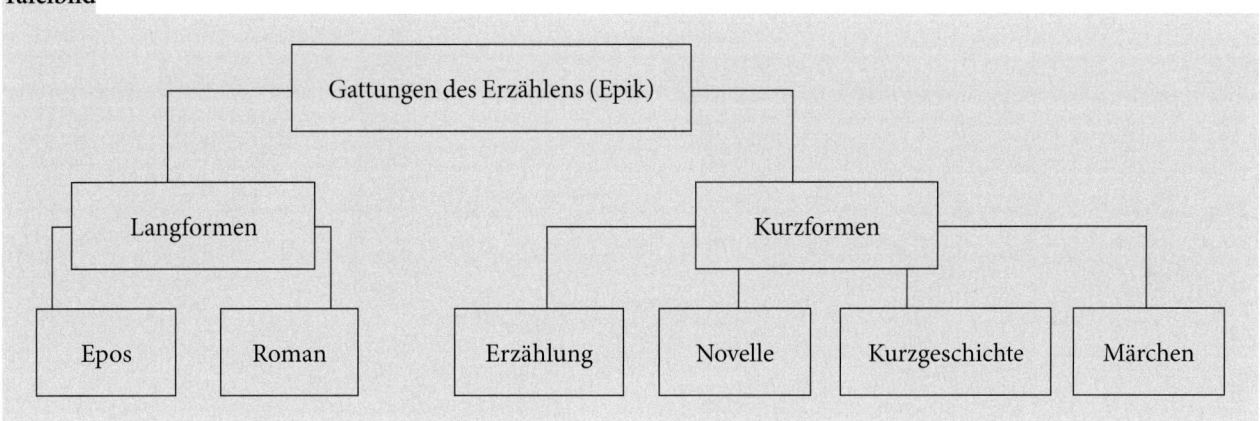

2

Epos: Langform, Verserzählung, im Mittelpunkt steht ein (typisierter) Held, dessen Abenteuer geschildert werden

Erzählung: Kurzform, nicht streng komponiert, enger Handlungsrahmen

Kurzgeschichte: geringer Umfang, einzelne Episode, unerwartetes Ende

Märchen: Kurzform, einfache (von Gegensätzen gekennzeichnete) Weltordnung, glückliches Ende

Novelle: Kurzform, Dingsymbol, um *einen* Konflikt orientiert

Roman: Langform, komplexe Handlungsführung, im Mittelpunkt steht ein individueller Held, der sich angesichts einer sich wandelnden Welt entwickelt

3 Bei der Überprüfung der Merkmale wird sich zeigen, dass alle Merkmale einer Novelle zutreffen. Die Schlussbemerkung des Ich-Erzählers – und auch das letzte Wort des Textes – sowie die Bemerkungen des Autors (vgl. KV 24) zeigen eindeutig, dass der Text als Novelle konstruiert worden ist und als Novelle rezipiert werden soll. Dennoch bleibt festzuhalten, dass auch die Merkmale, die für einen Roman gelten, nicht unzutreffend sind; schließlich nimmt Lena Brücker individuelle Charakterzüge an, weist eine Persönlichkeitsentwicklung auf (z.B. ihre Emanzipation als Ehefrau) und wird mit einer komplexen Realität, die im Text auch dargestellt ist, konfrontiert. Bei einer Gattungsbestimmung wäre es lohnend, wenn die Schülerinnen und Schüler

kontrovers diskutieren; ein möglicher Hinweis, der zu einer Klärung beitragen könnte, wäre, dass der Ich-Erzähler (seinem „Erfahrinteresse" nach) einer Novelle auf der Spur ist, während Lena Brückers „Erzählinteresse" eher einer breiten Darstellung ihrer Biografie gilt, ihr Angebot also ein Angebot für einen Roman ist, das von ihrem Gesprächspartner allerdings nicht wahrgenommen, wo nicht sogar abgewiesen wird.

Dass der Autor Timm mit der Gattung so freudig spielt wie mit den formalen Erzählmitteln (KV 24), beweist auch eine Überprüfung der anderen angeführten Gattungen. Sicherlich wäre eine Kategorisierung des Textes (oder eines Textteils, beispielsweise die Geschichte des Ehepaars Brücker) ganz allgemein als „Erzählung" nicht abwegig. In den vielen kleinen Geschichten, die in dem Text um die zentrale Geschichte herum erzählt werden, lassen sich außerdem auch Merkmale der Kurzgeschichte auffinden. Und dass das moderne Erzählen dem Epos entspringt, zeigen die vielen Verweise auf die Odyssee – vgl. KV 7. Auch das Volksmärchen hat seine Spuren in dem Text hinterlassen – vgl. die sofort Assoziationen an das Märchen weckende Ersteinführung Lenas im Altersheim, die wie eine typische Märchenhexe auszusehen scheint, oder die häufige Betonung der Märchenzahl „7" in der Rahmenhandlung sowie die Situation Bremers in der Falle (vgl. KV 8) mit ihren Assoziationen an *Hänsel und Gretel* evozierenden Merkmalen.

Erzählen

Erzählen und kein Ende

Liebes,

ich sitze in meinem Zimmer im Gasthof „Zur Sonne", und von unten, aus der Gaststube, höre ich die Skatrunde. Ich wünschte, du wärest jetzt hier. Wir hätten zusammen gegessen, Scholle, gebraten und fangfrisch aus der Elbe, hätten von dem roten spanischen Wein getrunken, der über Glückstadt geliefert wird, und wären hier heraufgekommen. Der Wind drückt gegen die Fenster, und von der Elbe kommen wie das Stöhnen und Ächzen der Erde die Geräusche eines Eimerbaggers.

Morgens habe ich im hiesigen Kurzwarenladen zwei Packungen Marineknöpfe verkauft und ein Dutzend Perlmuttknöpfe, das war alles. Aber danach bin ich zu dem alten Bootsbauer Junge gegangen. Er konnte mir tatsächlich den Klüverrackring aufzeichnen. Und weil er auch nicht sagen konnte, wie es geschrieben wird, schreibe ich rack mit ck. Ich denke, es kommt dem Haken näher, der ja daran befestigt wurde, als ein g ...

1 Schreiben Sie den unvollständigen Brief Klaus Meyers an Lena (S. 75 f.) zu Ende und verfassen Sie ihre Antwort.

2 In der *Entdeckung der Currywurst* finden sich viele nicht (zu Ende) erzählte Geschichten. Wählen Sie eine aus und erzählen Sie sie.

Erzählen

Erzählen und kein Ende

Erzählen und kein Ende. Versuche zu einer Ästhetik des Alltags – so lautet der Titel, unter dem Uwe Timm 1993 seine zuvor in Paderborn gehaltenen Poetik-Vorlesungen veröffentlicht hat. Schon allein dieser Titel veranschaulicht, dass Geschichten eigentlich nie zu Ende erzählt werden können, dass in ihnen unendlich viele Vorgeschichten, Parallelgeschichten oder Folgegeschichten enthalten sind. In diesen Vorlesungen war auch bereits von der im gleichen Jahr veröffentlichten Novelle *Die Entdeckung der Currywurst* die Rede: „Wann und wo ist die Currywurst entstanden? Und wer hat sie erfunden? Haben mehrere an diesem Rezept gearbeitet? Oder gibt es einen Entdecker der Currywurst? Mich beschäftigt diese Frage schon seit Jahren. Jetzt schreibe ich eine Novelle darüber. *Die Entdeckung der Currywurst*. Etwas verrät uns der Name, das Kompositum. Der Curry, der über England aus Indien kommt, und die Wurst, bekanntlich eine deutsche Spezialität. Tatsächlich ist die Currywurst, die nach 1945 in Deutschland auftauchte, ein Beispiel von Akkulturation, wie die Ethnologen sagen würden. Ich behaupte zu wissen, wie es zu dem Rezept der Currywurst kam, übrigens nicht in Berlin, sondern in Hamburg, und auch wer sie entdeckt hat, kurz nach Kriegsende, in der beginnenden Schwarzmarktzeit. Die Entdeckerin heißt Frau Brücker […]“ (Uwe Timm. Erzählen und kein Ende. Köln: Kiepenheuer & Witsch 1993, S. 34)

In diesen Vorlesungen finden sich jedoch nicht nur inhaltliche Pläne für die Novelle, sondern auch Prinzipien des Erzählens, die Uwe Timm wichtig sind: die Mündlichkeit des Erzählens, die detaillierte Beobachtung alltäglichen Verhaltens und die Übersetzung des Beobachteten in Sprache, die Rolle sinnlicher Wahrnehmungen, die Funktion des Autors, seine Verpflichtung gegenüber dem „wunderbaren Konjunktiv“ (ebd., S. 126), d. h., so zu erzählen, wie etwas gewesen sein könnte, und dies aus der Perspektive gesellschaftlich Benachteiligter. Diese Prinzipien sind an der Arbeit mit den letzten KV deutlich geworden und sollten von den Schülerinnen und Schülern auch bei ihren eigenen produktiven Schreibversuchen beachtet werden.

Die Entdeckung der Currywurst ist ein Text voller Geschichten: ermöglicht ein Erzählen und kein Ende. Einigen dieser Möglichkeiten können die Schülerinnen und Schüler nachgehen, wie ja auch Uwe Timm selbst seinen Geschichten „ohne Ende“ nachgeht, wenn z. B. Lena Brücker nicht nur in *Erzählen und kein Ende*, sondern auch in dem Roman *Kopfjäger* (1991) bereits vorkommt, zusammen mit Frau Claussen übrigens, die in der *Entdeckung der Currywurst* ebenfalls eine Rolle spielt. Auch andere Figuren oder Motive werden weiterentwickelt; so der Kartoffelkenner in der Erzählung *Das Abendessen* (1999) und in dem Roman *Johannisnacht* (1996), der Fehmantel als Dingsymbol für weibliche Sehnsüchte in der Erzählung *Der Mantel* (1999).

1 Diejenige „Leerstelle“ der Erzählung, die wohl die Fantasie der Leserinnen und Leser am meisten anregt, ist der unvollständig zur Kenntnis gegebene Brief Klaus Meyers, den Bremer heimlich liest. Er ist Teil eines ganzen Bündels von Briefen, die mit einer blauroten Kordel zusammengeschnürt sind und die Lenas Erinnerung an eine Liebesgeschichte mit einem (offensichtlich erzählbegabten, genussfähigen, liebevollen, romantischen) Knopfhändler bergen. Lena selbst erzählt nichts über Klaus Meyer und ihre (gemeinsame) Geschichte (S. 93: „Das is […] ne andere Geschichte“); die Schülerinnen und Schüler können somit auf der Grundlage ihrer Kenntnis von Lenas gelingenden und nicht gelingenden Beziehungen „weitererzählen“, indem sie Meyers Brief weiterschreiben und mit Lenas Antwortbrief ergänzen.

Eine Anregung könnte sein, dass in der *Entdeckung der Currywurst* viele Erzählsituationen oder Erzählsequenzen gespiegelt werden: So die Kaffee-/Kuchen-Erzählsituation bei Lena Brücker und bei Frau Eckleben; Garys und Bremers Gefangenschaft; die Parallelität zwischen Bremer und dem Ich-Erzähler, die beide von Lena zu einem längeren Aufenthalt veranlasst werden als geplant/erforderlich; die Situation des gefangenen Bremer am Fenster und die Situation der in ihrer Ehe gefangenen Lena an eben diesem Fenster usw. Die für die Meyer-Geschichte heranzuziehende Parallelsituation wäre dann wohl Lenas unerfreuliche (sexuelle) Begegnung mit einem Kollegen (S. 48–50, 102).

2 Uwe Timm bietet sehr viele „unerzählte“ Geschichten, unter denen die Schülerinnen und Schüler wählen können. Einige seien hier – als Fragen – angeführt: Haben sich Lena und Bremer noch einmal wiedergetroffen? Wenn ja, wie ist ihre Begegnung verlaufen? (S. 185) An welcher Stelle wollte die alte Lena Brücker noch einmal vorbeigehen und welche Bedeutung hatte diese Stelle in ihrem Leben? (S. 111) Welche Geschichte hätte der Ich-Erzähler aus den Akten erfahren können? (S. 121) Warum konnte Lena schon als Mädchen einen Ewer mit einem Peekhaken bewegen? (S. 131) Was ist mit dem Kartoffelkenner Heinz passiert? (S. 59) Wie hat Gary Brücker den Ball Paradox erfunden? (S. 152) Warum ist der Vater ihres Enkelsohns in Brandenburg vermisst geblieben? (S. 159) usw.

Viele dieser und anderer „erzählenswerter“ Geschichten enthalten im Kern schon mögliche Wendepunkte, Dingsymbole und ähnliche Strukturhinweise.

Rezeption – Zusatzmaterialien*

Im Feuilleton

Joachim Campe

Kopfjäger Erinnerung

Nicht dem Roman, sondern einer vom Literaturbetrieb eher achtlos behandelten Gattung werde die Zukunft gehören: der Novelle. So Saul Bellow, bislang selbst passionierter Schreiber um- und weitschweifiger Großromane. In diesem Herbst hat auch die deutsche Literatur nachgezogen, drei wichtige Autoren legen Novellen vor: Norbert Gstrein, Bodo Kirchhoff, Uwe Timm.

Aber die engere und geschlossenere Form hat auch Bellow selbst kaum aus dem Grund gereizt, den er seiner Prognose unterlegte. Zeitgemäß nüchtern an den Regeln von Daten- und Kommunikationstechnologie entlangdenkend, schrieb er nämlich: Das Bewusstsein der Leser werde von allen Seiten so sehr mit Information gefüllt, dass der große Roman darin keinen Platz mehr habe. Nur ist die Seele des Lesers eben kein Speichersystem: Monumentalformate schrecken auch heute nicht, wenn ein Roman Faszination verheißt. Siehe Umberto Ecos *Name der Rose*.

Das neue Interesse für die Novelle signalisiert also anderes. Vielleicht eine Abkehr vom Dogma nicht nur der 80er Jahre: Dass die Vollendung der Prosa, ihre umfassendste Möglichkeit, der weitgespannte realistische Roman sei. Das schrieben nicht nur Kritiker, auch Lektoren und Verleger taten das Ihre, Autoren von experimentellen Kleinformen der Prosa wegzubekommen: hin zur weitläufigen Saga, in der gehörig etwas passiert – literarische Opulenz, bestsellerreif. Doch an manchen dieser Bücher, die so entstanden, Kirchhoffs *Infanta* (1990) etwa, ließe sich zeigen: Es sind überdehnte *Novellen*. Figuren und Figurenkonstellationen, so originell sie sein mögen, vertragen große Erzählstrecken gar nicht: So weit trägt ihre Substanz nicht. Kritische Reaktion also auf den Zwang zum Wälzer, der den eigentlich guten Einfall verdirbt: Auch so kann man den Griff zur klassisch konzentrierten Form verstehen.

Uwe Timm ist er auf Anhieb gelungen. Seine erste Novelle, *Die Entdeckung der Currywurst*, ist vielleicht das **beste** Buch, das er bisher geschrieben hat – konzentriert auf zwei Figuren, die in unerhörter Zeit für eine unerhörte Begebenheit sorgen. Die dann freilich nicht tragisch verpufft, sondern auf skurrile Weise zu einer Erfindung führt: der der Currywurst immerhin.

Im April '45 lernt die Hamburger Kantinenangestellte Lena Brücker in einer Warteschlange vor einem Kino den jungen Marinesoldaten Bremer kennen. Er soll an irgendeiner letzten Front gegen die anrückenden Engländer kämpfen, doch lässt er sich, nach Kino und Luftschutzkeller, von der Frau mitnehmen, die ihm gefällt, obwohl sie deutlich älter ist, und – desertiert in ihr Bett. Glück und Angst sind freilich gleich groß, denn noch geht der Blockwart um und Nachbarn lauern auf verdächtige Geräusche. Doch als dann zwei Wochen später der Krieg beendet ist, tut Lena Brücker etwas Merkwürdiges: Um ihren Bremer als Liebesgefangenen zu behalten, erzählt sie ihm, der Krieg gehe weiter, nur jetzt in anderer Richtung – Engländer und Amerikaner hätten sich mit den Deutschen gegen die Russen verbündet. Bremer glaubt auf Anhieb, was die Katastrophen der letzten Kriegsjahre zu deutschem Wunschdenken gemacht hatten – und so malt er sich neue, diesmal siegreiche Schlachten aus. Bis ihm plötzlich mulmig wird: An seiner Lage stimmt irgendetwas nicht. Schließlich kommt es zum Streit und Lena Brücker gesteht ihre Lüge. Am nächsten Tag ist er weg. Nach Braunschweig, zu Frau und Kind.

Lena Brücker erinnert sich freilich ein Leben lang an die paar Wochen, und auch ihr Lebenswerk hat mit Bremer zu tun. Denn als sie einen Imbissstand eröffnen will, bietet ihr ein Schieber auch einen Posten Curry an. Sie greift zu, obwohl sie das Zeug eigentlich nicht braucht. Doch Bremer, der mit der Marine in Indien war, hatte vom Curry stets als einem Wundermittel gegen Schwermut und alle möglichen Krankheiten gesprochen. Und als sie dann die Sauce für die Würste zubereiten will, fällt ihr versehentlich das Currypulver in den Tomatenketchup: Eine Entdeckung ist gemacht.

Vielleicht eine, die gar nicht so verschieden ist von der, die Timm selber gemacht hat. Und Tims Novellenerzählen besitzt erst recht die Kräfte, die Lena Brücker ihren Currywürsten zuschreibt: „Den Blick schärfen und die Zunge lösen." Nicht Gattungszitat also, nicht postmoderner Klassizismus, sondern leserzugewandte Entdeckung einer Form – und so hat Timm das Wort Novelle mit souveräner Ironie an das Ende seines Textes gesetzt: als Zitat aus den Kreuzworträtseln, mit denen sich Bremer während seiner Liebesgefangenschaft die Zeit vertreibt.

Das Einströmen von Wirklichkeit, von Alltagsstoff verleiht der Geschichte erst ihre Atmosphäre, ihr tatsächlich Unerhörtes – gemessen an Geist und Reglement der Zeit. Timm weiß zu erzählen, was das hieß; Hausgemeinschaft kurz vor und nach Kriegsende. Da ist nicht nur der zackige Blockwart Lammers, der der Heldin einen obrigkeitlichen Besuch abstattet und dienstlich drohend feststellt: Hier müsse vor kurzem ein Mann gewesen sein, Leder und Uniform könne er riechen. Da gibt es auch die hochanständige Nachbarin, die ihre Gründe hat, auf Schritte in der angeblich männerleeren Wohnung zu achten. Und zu dem Haus gehört auch eine Figur aus Lenas Vergangenheit, Ehemann Gary, ein kaltschnäuziger Weiberheld und Ganove, der sich nach Kriegsende prompt wieder bei ihr einnisten will. So ist der eigentlich ganz durchschnittliche Schlawiner Bremer doch etwas Besonderes in diesem Haus, für Lena Brücker so etwas wie eine persönliche Utopie. Das Lager auf den Küchenfliesen, auf dem sie mit ihm aus nur zu berechtigter Furcht vor der Nachbarin schläft, nennt sie ihr „Matratzenfloß": Weit soll es sie tragen, weit weg. Vielleicht dorthin, wo der Curry wächst.

Die neue Form hat aber nicht nur Timms Blick für Vorder- und Hintergründe des Alltags weiter geschärft. Sie hat ihm vor allem die Zunge gelöst. Denn offensichtlich geht es um Erinnerung an die Kindheitswelt oder einen wichtigen Teil der Kindheitswelt. Bereits in seinem letzten Roman, *Kopfjäger* (1991), wurde das Haus in der Brüderstraße ausgiebig geschildert – sogar Lena Brücker und ihr Imbissstand kamen, wenn auch nur am Rande, vor. Der Held des Buches stammte nämlich aus diesem Haus, um dann freilich aus proletarischer Welt in die Höhen der feinen, der Wirtschaftskriminalität aufzusteigen. Doch seinen Reminiszenzen fehlte noch Eindringlichkeit und innerer Zusammenhang, es blieben anekdotische Puzzlestücke, einpassbar in eine großflächige Sozialreportage. In der Novelle dagegen gewinnt das Haus Leben, von den alltäglichen Reibereien seiner Bewohner bis zu Farben und Gerüchen. Offensichtlich ist Timm dem Schreibimpuls gefolgt, den er im Essayband *Erzählen und kein Ende* (1993) nur andeutete: dem Verlangen, die „Bildwelt der Kindheit einzuholen".

Frankfurter Rundschau vom 23.11.1993

---

* Vgl. dazu die Arbeitsanregungen auf S. 47.

Rezeption – Zusatzmaterialien

Im Comic

Rezeption – Zusatzmaterialien

In Hamburg

EINE STADT LIEST
EIN BUCH
7.-14. November 2003
Eine Aktion der Kulturbehörde Hamburg
und des Deutschen Taschenbuch Verlags
www.HamburgliesteinBuch.de

Sogar der alte Bismarck schmökert diesmal mit. Zumindest auf dem Plakat der Aktion „Eine Stadt liest ein Buch": Diesen Herbst ist Uwe Timms Novelle *Die Entdeckung der Currywurst* dran. Die Veranstaltungsreihe der Kulturbehörde war im vorigen Jahr ein großer Erfolg und geht nun in die zweite Auflage. Vom 7. bis 14. November können die Hamburger bei rund 60 Veranstaltungen in ihrer Stadt miteinander lesen, zuhören, schreiben und diskutieren – und nebenbei erfahren, wie die Currywurst erfunden wurde.

Die Entscheidung fiel in diesem Jahr auf Uwe Timms Erzählung. Zum einen, weil er zu den wichtigen deutschsprachigen Autoren des 20. Jahrhunderts zählt, gebürtiger Hamburger ist und seine Geschichte in Hamburg spielt. Zum anderen, weil *Die Entdeckung der Currywurst* eine skurrile Liebesgeschichte erzählt und Protagonisten auftreten, mit denen man mitfühlen kann, wie Kultursenatorin Dana Horàkovà betont. Die Geschichte schildert die Lebenssituation der Hambur-
5 ger in der Nachkriegszeit und spielt rund um den Großneumarkt.
   „Wenn viele Menschen das gleiche Buch zur gleichen Zeit lesen, dann werden die Schranken des individuellen Erlebnisses aufgehoben und der Weg für ein gemeinsames Erleben wird frei." So fasst Dana Horàkovà die Faszination des Projektes zusammen.
   Die ungewöhnlichen Orte, an denen die Lesungen stattfinden werden, sollen sowohl die Sinne als auch zum Gespräch
10 anregen.
   Veranstaltungsorte sind dieses Jahr zum Beispiel das Gewürzmuseum, das dem Geheimnis des Curry-Gewürzes nachspürt, oder die Räume von „Dialog im Dunkeln", wo im Finstern aus der Blindenschrift-Version des Buches vorgelesen wird. Auf der *Rickmer Rickmers* wird eine Comic-Version ausgestellt, die VHS bietet unter dem Titel „Gut gewürzte Geschichten aus der Küche und aus dem Leben" eine Koch- und Schreibwerkstatt an, Sportfans können einer Lesung der
15 HSV-Handballer lauschen.
   Dabei sind auch wieder die „Klassiker" vom vorigen Jahr: Lesungen auf Hafenbarkassen, literarische Spaziergänge und ein literarischer Gottesdienst im Michel. Neu in diesem Jahr: Neben den U-Bahnen werden auch Busse und S-Bahnen zur literarischen Bühne; das Restaurant Erich in der Erichstraße brät Currywurst à la Uwe Timm – mit Vanille, Pfeffer und Muskatnuss. Und natürlich ist auch ein Vortrag am Currywurststand geplant – Eintritt frei, um Wurstverzehr wird
20 gebeten.

dtv

Uwe Timm

DIE
ENTDECKUNG
DER CURRYWURST

Novelle

Mit fünf Euro sind Sie dabei!
Ein Ziel der Aktion ist, bei jungen Leuten den Spaß am Lesen zu wecken. Zweieinhalbtausend Exemplare der *Entdeckung der Currywurst* hat die Stadt deshalb den Hamburger Schulen gestiftet. Insgesamt hat der Deutsche Taschenbuchverlag eine Sonderauflage von 20 000 Stück gedruckt, für fünf Euro kann man sich ein
5 Exemplar in der Buchhandlung kaufen und mitschmökern.
Diesmal wird es doppelt so viele Veranstaltungen geben wie im vorigen Jahr, als Siegfried Lenz' *Der Mann im Strom* auf dem Programm stand. Damals waren 95 Prozent der Angebote ausverkauft, einige schon wenige Stunden nach der Veröffentlichung des Programms. Dana Horàkovà ist begeistert vom Erfolg der letzt-
10 jährigen Aktion. Umso schwieriger sei es natürlich, diesen zu wiederholen.

Rezeption – Zusatzmaterialien

In den Medien

www.pm-magazin.de

Wer hat die Currywurst erfunden?

Der Regen war schuld, der in jener Herbstnacht des Jahres 1949 unaufhörlich vom Himmel fiel und die Leute davon abhielt, an die Wurstbude von Herta Heuwer an der Ecke Kantstraße/Kaiser-Friedrich-Straße in Berlin zu kommen. „Es goss kleene Kinderköppe, kein Mensch war an meiner Bude. Aus Langeweile rührte ich Gewürze mit Tomatenmark zusammen. Und es schmeckte ganz herrlich", erinnerte sich die Berlinerin Jahrzehnte später.

5 In jener denkwürdigen Nacht schuf Herta Heuwer aus einer einfachen Bratwurst und ihrer Saucenmischung ein Gericht, das heute noch zu den beliebtesten der Deutschen gehört und für die Berliner zum Kultobjekt leiblicher Genüsse wurde: die Currywurst. „Oft kopiert und nie erreicht", stand später über Heuwers Bude und „Erste Currywurst-Braterei der Welt". Der Laden brummte: 30 Jahre lang versorgte die gelernte Modeverkäuferin zusammen mit 19 Mitarbeitern jetzt in der Nähe des Stuttgarter Platzes ihr Stammpublikum – Nachtschwärmer, Bordsteinschwalben und manche Promis, die auf das Geheimre-
10 zept Herta Heuwers schworen. Die ließ sich die „Chillup-Sauce" 1959 patentieren und blieb zeitlebens bei ihrer Rezeptur. Alternativen wie eine Sauce auf Ketchup-Basis kamen bei ihr nicht auf die Wurst: „Himmelsakramento! Ich hab nie Ketchup benutzt", empörte sie sich gerne über Konkurrenzprodukte. Reich ist die Berlinerin mit ihrer Erfindung nicht geworden. Ihr Rezept an einen Fertigsaucen-Produzenten zu verkaufen, das kam für Herta Heuwer nicht in die Tüte.
Zwei Jahre vor ihrem Tod musste die damals 83-Jährige noch einmal resolut durchgreifen, als Medien 1997 den „Currywurst-
15 Krieg" zwischen Hamburg und Berlin inszenierten. Der Schriftsteller Uwe Timm hatte in seiner Novelle *Die Entdeckung der Currywurst* dieselbe für Hamburg reklamiert: Die Hanseatin Lena Brücker sei nach Kriegsende auf der Treppe gestolpert, in der einen Hand Curry, in der anderen Ketchup. Beides vermengte sich, fertig war die Sauce. Lena Brücker habe ihr Produkt fortan auf dem Hamburger Großneumarkt verkauft. Für diese Darstellung wurde Uwe Timm von seinem Berliner Kollegen Gerd Rüdiger (*Currywurst – ein anderer Führer durch Berlin*) heftig attackiert. Und Herta Heuwer sprach ein Machtwort: „Ich
20 hab das Patent – und damit basta!" Die beiden Streithähne einigten sich schließlich höchst elegant: In Berlin wurde die Currywurst erfunden, in Hamburg entdeckt.

Hamburger Morgenpost vom 28. 6. 2003

Lesermeinung

Gehören Lügen in Hamburg zum guten Ton?

Die spinnen, die Berliner [...] Trotz erdrückender Beweise soll Gedenktafel aufgestellt werden/Currywurst-Club kündigt Proteste an – Denn sie wissen nicht, was sie tun: Morgen
5 wollen die Berliner am Stuttgarter Platz im Bezirk Charlottenburg-Wilmersdorf die in der Hauptstadt mit Nachdruck betriebene Geschichtsklitterung amtlich machen. Am angeblichen Geburtshaus der Currysoße (früher Wurstbude, heute Aldi-Markt) soll eine Gedenktafel enthüllt werden.
10 Herta Heuwer habe an jenem Ort 1949 die heute weltweit bekannte Tunke erfunden [...]

Hamburger Morgenpost vom 30. 6. 2003

Lesermeinung

Jetzt drehen sie völlig durch …

Berlin macht sich zum Narren [...] Gedenktafel zur angeblichen Erfindung des Snacks ist enthüllt – Himmel – haben die Berliner denn zu viele Currywürste gegessen? Anders scheint ihre Penetranz kaum erklärlich. Gestern machte sich
5 die Hauptstadt zum Narren, enthüllte in Charlottenburg trotz aller Warnungen die Gedenktafel zur Erfindung des Kult-Snacks. Der Berliner Bär – nur mehr eine Witzfigur. Ein Buchautor, ein Klub, tausende Hamburger Wurstfans können nicht irren: Die Currywurst ist natürlich eine han-
10 seatische Erfindung: Die Berliner haben es nicht kapiert.

Klausurthemen und Unterrichtsprojekte

Manfred Durzak

Die Entdeckung der Currywurst

Timm: Es ist, wie du schon sagst, ein Sproß des *Kopfjägers*[1], und diese Verwandtschaft merkt man dem Buch auch an. Es ist ein Buch über das Erzählen, denn das Erzählen wird auch in dieser Novelle thematisiert, thematisiert sich in gewisser Weise auch selbst. Es ist
5 ein Buch über Lüge und Wahrheit, das beim Erzählen, wir sprachen schon im Zusammenhang von *Kopfjäger* darüber, eine wichtige Rolle spielt. Es ist auch ein Buch über Bedürfnisse, wie Bedürfnisse entstehen und wie man sie weckt und befriedigt, ein Buch über Wünsche und Träume. Zugleich spiele ich mit einer bestimmten
10 literarischen Form – der Novelle. Sie ist wie ein Kreuzworträtsel angelegt – und der Held, der Deserteur, der gerade kein Held ist, löst in seinem Versteck auch Kreuzworträtsel. Dessen Lösungsbuchstaben könnten ihm etwas über sein Schicksal verraten haben. Vielleicht hat er das auch verstanden und ist aufgestanden und aus
15 seinem Versteck und vor dieser Frau geflohen. Ich weiß es nicht. Es ist eine Möglichkeit.

Durzak: Mit dem Blick auf diese spezifische literarische Form der Novelle scheint mir dieses Buch einen neuen Ansatz in deinem Werk zu verdeutlichen. Denn die Novelle setzt ja eine sehr konzen-
20 trierte, auf jegliche Ausschmückungen verzichtende, knappe Darstellungsweise voraus. Es ist schon bemerkenswert, dass in den letzten Jahren eine ganze Reihe von Autoren diese Novellen-Form verwendet haben. Ich denke an Dieter Wellershoffs *Die Sirene,* an Martin Walsers *Ein fliehendes Pferd* oder an *Konzert* von Hartmut
25 Lange, der ja überhaupt eine ganze Anzahl von Novellen geschrieben hat. Warum hast du dieses Muster aufgegriffen, wie verbindet sich das mit deinen eigenen Schreibinteressen?

Timm: Ich muss hier gar nicht betonen, die Novelle hat eine lange Tradition, und ich kann mich an meine Studienzeit entsinnen, ei-
30 gentlich konnte niemand so recht sagen, was denn eine „Novelle" sei. Kurz soll sie sein, eine, wie Goethe gesagt hat, unerhörte Begebenheit, Motive soll sie haben, Dingsymbolik, einen Falken und was weiß ich. Totgesagt wurde sie wie der Roman, aber sie ist sonderbarerweise putzmunter, du nennst ja Beispiele aus der jüngeren
35 Zeit. Mich interessierte zunächst einmal das, was die Gattungsbe-
zeichnung ursprünglich meinte, Novelle im Sinn von einer kleinen Neuigkeit. Also gerade das beiläufig Alltägliche. Die Currywurst ist ja etwas sehr Alltägliches, wie die gesamte Situation, in der sie gegessen wird. Der Stehimbiss. Aber ihre Entdeckung ist eine uner-
40 hörte Begebenheit gewesen. Und zwar im doppelten Sinn des Wortes als „unglaublich" wie auch als „noch nie gehört". Das sind diese kleinen Alltäglichkeiten, Widerstände, Erfindungen, in denen sich eine neue Wirklichkeit herausbildet. Diese neue Wirklichkeit interessiert mich, wie sich das sprachlich ausbildet und dann in die
45 Realität zurückwirkt. Das, was ich als wunderbaren Konjunktiv bezeichne. Eine Möglichkeit, die es in der Geschichte gegeben hat, die auch so hätte sein können. Eine Rückführung der Zeit. Ein Widerpart zur Wirklichkeit. Die Novelle erkämpft das durch formale Vorgaben, die Beliebigkeit des alltäglichen Geschehens und des
50 alltäglichen Erzählens soll strukturiert und gebündelt, kunstvoll gradlinig auf den Punkt gebracht werden. Mit diesen Formen habe ich gespielt. Immer wieder will die Erzählerin ausufern, immer wieder kämpft der Erzähler dagegen an, fällt ihr ins Wort, versucht, sie wieder auf die Fährte zu bringen, während sie, die alte Frau, den
55 Erzähler festhalten will, einfach, um sich die Tage in dem öden Altersheim zu verkürzen, etwas von dem Glück erzählt, um so gegen die Ödnis, in der sie lebt, anzukämpfen. Sie will Tausendundeine Nacht. Der Erzähler will nur eine kleine Neuigkeit wissen. Also auch er ist bei Kirke. Er entzieht sich der Erzählung durch ei-
60 nen Trick, um zu Frau und Kindern zurückzukommen. Na ja, und die Dingsymbolik gibt es auch, unauffällig, hoffe ich, und auch den Falken, das Essen spielt in vielen Novellen ja eine wichtige Rolle, der Leser kann da auf eine literaturhistorische Entdeckungsreise gehen.

Ein Werkstattgespräch mit Uwe Timm. In: Die Archäologie der Wünsche. Hrsg. v. Manfred Durzak und Hartmut Steinecke
© 1995 by Verlag Kiepenheuer & Witsch, Köln. S. 347 f.

1 *Kopfjäger:* Roman von Uwe Timm (1991)

1 Fassen Sie zusammen, wie Uwe Timm in diesem Werkstattgespräch die Gattung der Novelle definiert und welche Merkmale ihn daran besonders interessieren.

2 Bestimmen Sie das Ihrer Ansicht nach zentrale Dingsymbol der *Entdeckung der Currywurst* und deuten Sie seine Funktion für den Gesamttext.

3 Weisen Sie nach, an welcher Stelle des Textes sich der wichtigste Höhe- und Wendepunkt befindet, und begründen Sie Ihre Entscheidung.

4 *Die Entdeckung der Currywurst* ist nach Timms Ansicht auch ein „Buch über Wünsche und Träume". Untersuchen Sie Lenas Wünsche und Träume, wobei Sie sich vor allem auf die Seiten 98 (Lena an Bord der Barkasse) und 175 f. (Lena probiert den Fehmantel an) beziehen.

Klausurthemen und Unterrichtsprojekte

Die **Klausur** der KV 24 greift solche inhaltlichen und formalen Gesichtspunkte auf, die in dem vorgeschlagenen Unterrichtsmodell von zentraler Bedeutung waren. Die Schülerinnen und Schüler können also auf ihre erworbenen Kenntnisse zurückgreifen, gleichzeitig erfordern die Fragestellungen aber eine selbstständige Textarbeit und Transferleistungen.

Bei der Beurteilung der Fragen 2 und 3 sollte der Schwerpunkt auf der Qualität der Begründung liegen; schließlich könnten die Antworten unterschiedlich ausfallen, je nachdem, ob man sie aus der Perspektive des Ich-Erzählers oder der Lenas beantwortet (Dingsymbole: Feldplane, Reiterabzeichen, Pullover, Kreuzworträtsel, Fehmantel, Curry, Currywurst; Höhe- und Wendepunkte: Bremer desertiert, Lena versteckt Bremer, Lena verschweigt das Kriegsende, Lena erfährt von der Schoa, Entdeckung der Currywurst).

Auch die **Rezension** der KV 20 (S. 42) könnte zum Gegenstand einer Klausur gemacht werden.

Aus den **Zusatzmaterialien der KV 20–23** (S. 42–45) können Ideen für **Unterrichtsprojekte** abgeleitet werden, wofür hier nur einige Beispiele angeführt werden:

- **Kopiervorlage 20** (S. 42)

Nach der konkreten Analyse der vorgelegten Rezension und der Klärung der Aufgaben einer Rezension im Allgemeinen könnten die Schülerinnen und Schüler eine Rezension zur *Entdeckung der Currywurst* für ihre Schülerzeitung anfertigen.

- **Kopiervorlage 21** (S. 43)

Auch hier sollte zunächst konkret die Comicseite mit der ihr zu Grunde liegenden Textpassage (S. 55–57) verglichen werden; vgl. dazu auch KV 10; ein davon abgeleitetes Unterrichtsvorhaben könnte dann die Umsetzung einzelner (von Schülergruppen selbst gewählter) Textpassagen in ein anderes Medium (Hörszene, Filmszene, Theaterszene usw.) sein.

- **Kopiervorlage 22** (S. 44)

Die Literaturprojekte der Stadt Hamburg (Lenz, Timm) sind äußerst vielseitig. Das auf der KV vorgestellte Projekt zur *Entdeckung der Currywurst* bietet unterschiedliche – auch Genuss versprechende – Zugangsangebote zu Timms Novelle und kommt damit sicherlich auch der Intention des Autors sehr nahe. Das Projekt ist ein gelungenes Beispiel für einen positiven Umgang der Medien mit Kultur. Der Aktion kann man Anregungen für Projekte der Schülerinnen und Schüler entnehmen, wenn man sie auf einen vergleichsweise bescheidenen innerschulischen Rahmen reduziert. Das Buch müsste nicht *Die Entdeckung der Currywurst* sein. Wünschenswert wäre vielmehr die Wahl eines Buches, dessen Autor/in oder Handlung in einem Zusammenhang zur eigenen Stadt/Region steht.

- **Kopiervorlage 23** (S. 45)

Diese KV kann eingesetzt werden, um mit den Schülerinnen und Schülern darüber nachzudenken, welche Rolle Literatur gegenwärtig in den Medien spielt. Sicherlich wird ihnen der qualitative Unterschied zwischen dem „Erleben" von Literatur, das durch Projekte wie in KV 22 initiiert werden soll, und dem „Zum-Event-Machen" von Literatur, wie es KV 24 zeigt, nach der Beschäftigung mit der Novelle einsichtig sein.

Quellenverzeichnis

In den meisten Fällen sind die Quellenangaben den jeweiligen Texten und Abbildungen direkt zugeordnet. Hier einige Zusatzinformationen:

S. 8 Kriegszerstörungen, aus: Deutschland 1949 – 1949. Eine Bilddokumentation des Gesamtdeutschen Instituts Bonn. o. J., S. 20

S. 26 Foto: Tim Mälzer. Fotografiert von Jan-Peter-Westermann. Aus: Born to Cook. München: Goldmann 2004, Umschlagseite vorn

S. 26 Text unten: Erich Kuby (Hrsg.): Das Ende des Schreckens. Dokumente. München: Süddeutscher Verlag [2]1957, S. 83 f.

S. 22/43 Isabel Kreitz: Die Entdeckung der Currywurst. Hamburg: Carlsen 1996, S. 34/21

S. 32 Text oben: Kinder- und Hausmärchen der Brüder Grimm. 1. Bd. Frankfurt a. M.: Insel 1975

S. 32 Text unten: Tausendundeine Nacht. Übers. u. bearb. v. Dr. Gustav Weil. 1. Bd. Wiesbaden: Suchier 1987, S. 13 (Nachdruck der Ausgabe von 1865)

S. 32 Abb. unten: ebd.

S. 38 Wieland Zirbs: Literaturlexikon. Berlin: Cornelsen Scriptor [4]2004

S. 40 Text aus: Entdeckung der Currywurst, S. 75 f.

S. 44 Die Materialien auf dieser Seite sind sämtlich entnommen aus: http//fhh.hamburg.de.

Leider ist es uns nicht gelungen, die Rechteinhaber aller Texte und Abbildungen zu ermitteln bzw. mit ihnen in Kontakt zu kommen. Berechtigte Ansprüche werden selbstverständlich im Rahmen der üblichen Vereinbarungen abgegolten.

Literaturhinweise

Timm, Uwe: Die Entdeckung der Currywurst. München: dtv (12839) 2000

Borries, Mechthild: Frauenbilder in Uwe Timms Romanen. Beobachtungen einer weiblichen Leserin. In: Die Archäologie der Wünsche. Hrsg. v. Manfred Durzak und Hartmut Steinecke. Köln: Kiepenheuer & Witsch 1995, S. 291–310

Schede, Hans-Georg: Uwe Timm. Die Entdeckung der Currywurst. Freising: Stark 2004

Steinecke, Hartmut: Die Entdeckung der Currywurst oder die Madeleine der Alltagsästhetik. In: Die Archäologie der Wünsche, a. a. O., S. 217–230

Wilczek, Reinhard: Uwe Timm. Die Entdeckung der Currywurst. (Unterrichtsmaterialien Deutsch 8.5.3) Freising: Stark o. J.

Ein Kreuzworträtsel für *Currywurst*-Kenner

1	2	3			4	5			6
7				8					
9			10						11
12					13				
14		15	16		17			18	
		19					20		
21	22				23	24			
25				26					
	27			28			29		
30			31			32	33		
34			35						

Waagrecht: 1. Hamburger Milieu 4. Würde man sich diesen Vornamen für seinen Geliebten wünschen? 7. Wer sich mit diesen Rätselfragen befasst, wird sicher auch diese Prüfung bestehen. 8. Weiß war er ein Filmstar. 9. Autos hatte man damals schon, aber die hatten davon noch weniger. 10. Auch im Buch geht vieles durch die Blume. 11. Eine sporttypische Abkürzung 12. Kreuzworträtselwort (Musik, Karten) 13. Durch die Blume auch in diesem 14. Damit zaubern nicht nur orientalische Köche olfaktorische Wirkungen. 18. Wenn sie in England über ihn spricht, nennt sie ihn so. 19. Frau, die in Bergwerken herumgeschoben wurde 20. Für und wider gibt es auch im Englischen. 21. Nach der Klimaveränderung sind die Lüfte im Frühling auch nicht mehr, was sie waren. 23. Damit war im Dritten Reich keiner zu machen. 25. Ein Schlüsselwort, das Bäume hochgehen kann. 27. Mit dem Kürzel erscheint Lena zustimmend subversiv. 28. Ab 1995 zierte dieses Kürzel Nummernschilder in Thüringen. 29. Die englischen Besatzer kennzeichneten ihre Alternativen mit diesem Wörtchen. 30. Das könnte man sich, wenn man an Lenas Curryketchupgemisch am Boden denkt 32. In der Gegend um Hamburg findet man es auf Dächern. 34. Kreuzworträtselsonnengott 35. Literarisch gefasste Neuigkeiten, auf denen der Autor gattungstechnisch beharrt

Senkrecht: 1. Wer sie schlägt, kann dabei heftig auf die Nase fallen. 2. Diesen den Hamburgern nicht allzu fernliegenden europäischen Dramatiker sucht Bremer in seinem Rätsel vergeblich. 3. Lena verzichtet zugunsten von Bremer auf vier davon. 4. In Bayern isst ihn mancher zur Brotzeit. 5. So sind Lena und Bremer im Matzratzenlager zueinander. 6. Dieses Genussmittel wurde nicht in Hamburg, sondern in Wien erfunden. 8. Hat trotz gelegentlichen Schläfchens einen berühmten literarischen Weltenbummler hervorgebracht, dem Bremer nicht das Wasser reichen kann (obwohl auch den ein Krieg und eine bezirzende Frau von der Gattin fernhalten) 11. Als Lena davon erfuhr, fand sie zur Wahrheit. 15. Die sitzt auf dem, was sich Lena versagte. 16. Dieses Fragewort leitet Bremers Lokalisierungen der Front ein. 17. Fernöstliches Hartholz 20. Sie selbst glaubt, dass sie für kluge Köpfe Informationswert besitzt. 22. Man findet es unter Xanga Site. 24. Angeblich ein Audi-Lustgewinn 26. Diente Lena zur Befriedigung ihres Augenschmauses 29. Gelbliche Speisezutat 30. Pronomen 31. Autokennzeichen von 1991–1994 in Brandenburg 32. Zieht man 20 ab, findet man waagrecht dasselbe Wort. 33. Namensbestandteil eines bedeutenden ägyptischen Staatsmannes